1.ª edición: 2012
7.ª impresión: 2018

© Edelsa Grupo Didascalia, S.A. Madrid, 2012.

Autoras: Pilar Alzugaray, Paz Bartolomé

Dirección y coordinación editorial: Departamento de Edición de Edelsa.
Diseño de cubierta: Departamento de Imagen de Edelsa.
Diseño y maquetación interior: Estudio Grafimarque.

ISBN: 978-84-7711-981-4
Depósito legal: M-11020-2012

Impreso en España/*Printed in Spain*

Nota:
La editorial Edelsa ha solicitado todos los permisos de reproducción correspondientes y da las gracias a quienes han prestado su colaboración.

«Cualquier forma de reproducción de esta obra solo puede ser realizada con la autorización de la editorial, salvo excepción prevista por la ley. Diríjase a CEDRO (Centro Español de Derechos Reprográficos, www.cedro.org) si necesita fotocopiar o escanear algún fragmento de esta obra».

CD I - TRANSCRIPCIONES

EXAMEN 1

PRUEBA 1 Uso de la lengua, comprensión de lectura y comprensión auditiva

Pista 1. Tarea 4, p. 15

Manipulación y medios de comunicación

Cuando nosotros nos encontramos con un periódico, nos encontramos con una serie de elementos que son importantes a la hora de analizar cada una de las noticias. Por ejemplo: ¿qué fuentes tiene la noticia?, ¿qué titulares tiene?, ¿qué noticia y qué información se dan?, ¿es de enviados especiales o es de una agencia?, ¿qué editoriales hay en los periódicos?, ¿qué artículos de opinión?…
Por ejemplo, entre los imperios mediáticos Murdoch, Berlusconi, Bertelsmann y las agencias controlan aproximadamente entre el 80 y el 85% de las noticias que se producen en el mundo. ¿Y cómo se transmiten tan bien? Es decir, la batalla de las ideas es algo fundamental para la clase dominante. El poder, la propiedad de los medios de comunicación, tanto de televisión como prensa, es fundamental. ¿Por qué? Porque a través de ellos se transmite la ideología, las ideas de la gente. Piensen ustedes siempre que lo que no se publica o no se ve no existe. Por lo tanto, si yo controlo los medios de comunicación y no te doy la voz a ti, evidentemente no sabe nadie que existes, y como nadie sabe que existes, tus ideas no llegan, y como tus ideas no llegan, no estás.
Hay otra cosa que me interesa mucho también: el doble lenguaje que se está empezando a utilizar y que se lleva utilizando ya desde hace mucho tiempo; cómo cambiamos el lenguaje: fuerzas de paz, aliados, operación quirúrgica, daños colaterales… Todas estas palabras bonitas que nos alejan de la realidad, que nos hacen más fácil decir: «Bueno, han matado a unos soldados nuestros, no importa: daños colaterales».
Tú, ten en cuenta que el periodista trabaja para la empresa, no para el público, y la empresa le exige no solo rendimiento, sino una determinada forma ideológica, y si no, le echan.
Nuestro DNI, nuestro NIF, nuestra seguridad social, nuestras cuentas bancarias, las tarjetas y los cruces de datos nos hacen prácticamente permeables y transparentes para el poder. Por otra parte, los controles que se establecen sobre los ciudadanos son cada vez mayores; en aeropuertos: preguntas, datos de pasajeros, escáneres que desnudan, visados electrónicos. También están las bases de datos de ADN, los sistemas de vídeo-vigilancia, el espionaje en Internet, las escuchas ilegales, las escuchas en el trabajo, como por ejemplo en 1998 cuando, en Alemania, el parlamento alemán aceptó una ley en la que se permitía a la policía, sin ningún tipo de cuestión judicial, poner micrófonos en las casas privadas, o bien los sistemas de represión posteriores. En este sistema opresivo del ciudadano, que va desde la estructura social hasta la estructura económica, desde ahí, hasta la vigilancia estricta de cada uno de nosotros, entra la cuestión del monopolio del discurso.
Las técnicas modernas permiten de alguna manera maximizar el efecto retórico de las palabras y los gestos de los políticos multiplican su efecto y su impacto… No es que el rey le haya dicho una vez a Chávez: «por qué no te callas», sino que eso lo hemos visto 300 veces repetido en televisión, y eso es un machaqueo continuo sobre la neurona, por lo tanto, yo estoy utilizando una maximización de lo que ha ocurrido allí, ocultando lo que estaba diciendo Chávez, pero da igual, porque lo importante no es la razón; lo importante es que se le mandó callar. Los medios convierten de esta manera la política en una representación teatral donde, por ejemplo, en la televisión española, llevan a políticos para que hablen y nos cuenten sus rollos políticos, y claro que los cuentan, pero evidentemente tampoco pueden desentrañarse a sí mismos como lo que son: seres políticos, y quieren caer bien, y para eso, tienen que manipular de alguna manera la escena teatral que se les presenta. Piensen ustedes que una de las bases centrales del funcionamiento del sistema comunicativo son los comunicadores, lo que en EE.UU. se llaman *newsmakers*, los que hacen las noticias: es Hermida con aquella voz y aquella onda, son los periodistas que te cuentan una cosa mientras cruzan las piernas elegantemente, es un tipo de funcionamiento en el cual tú estás más atento a la representación teatral que a lo que realmente te están contando.

697 palabras *Adaptado de www.youtube.com*

Pista 2. Tarea 5, p. 16

¿Qué televisión merecemos?

Hombre: Tenemos la televisión que nos ponen, no la que *nos pone*, que no es exactamente lo mismo. Hace poco veía una serie de televisión americana, *The wire*. En la última temporada, hay un episodio donde uno de los dos policías protagonistas le dice al otro: «Es que este año las cifras son muy malas, no conseguimos resolver los asuntos y demás». Y el otro le dice: «Para, para... desde que introdujimos números en la comisaría, esto va de mal en peor porque hemos dejado de hacer el trabajo que teníamos que hacer». Yo creo que hay que llevar este paradigma al mundo de la televisión y a otros apartados de nuestra sociedad. Nos regimos por criterios numéricos que, evidentemente, ahí están, pero no tienen que ser los únicos.

Mujer: En mi opinión, este es el eterno debate: hacer al espectador responsable de lo que ve. La tele la hacen comunicadores, ejecutivos que saben perfectamente qué ingredientes y en qué cantidades. Son formatos de televisión que se hacen en laboratorios y todo el mundo sabe qué se ha de poner para que tú, como espectador, no puedas apartar la mirada. Es mentira que todos los espectadores sean iguales, es mentira que todo el mundo tenga la misma capacidad de formación y se enfrente a la tele virgen y reciba de la tele los mismos estímulos. Por tanto, nosotros vemos aquello que nos ponen porque alguien ha confeccionado una oferta televisiva fruto a veces de objetivos absolutamente perversos, lo único que han hecho ha sido salpicar la parrilla de televisión y colonizar la televisión.

Hombre: Pues a mí me gusta decir que la televisión en España es muy rica, porque uno puede ver el canal de historia, puede ver lo que quiera. Pero «plural» es otra cosa, sobre todo cuando en estos momentos hay un grupo, después de las fusiones que se han producido, que controla el 47% del mercado publicitario. Otra cadena, Antena 3, controla el 28% y la Sexta, el 13. Al producirse la fusión de las dos últimas, tenemos el duopolio italiano. Y si las fuentes de financiación son dos bases, y esta casa no tiene publicidad, nos encontramos con que la pluralidad desaparece.

Mujer: A mí realmente lo que me preocupa no es un formato de televisión, sino que este modelo se haya convertido en un modo de comportamiento televisivo, en una manera de hacer televisión, de entender el oficio. Y esta culpa es de los «hacedores» de la televisión. El espectador puede tener parte de responsabilidad, pero desde luego nosotros tenemos el dolo, y esto todo el mundo lo tiene que entender. Basta de culpabilizar al espectador. Es que es mentira que el espectador es libre con el mando, y esto lo sabemos todos los que estamos aquí, sabemos cómo se hace la televisión, cómo se fabrica...

Hombre: Además ahora, lo que hay son esas cadenas que han aparecido, las que yo llamo «de agitación»: por las noches ponen unos debates como en la radio antigua. Pero es cierto que faltan debates auténticos. Por ejemplo, durante todo el debate del estatuto de Cataluña, nadie le ha contado al resto de España qué debatían allí. Y en estos momentos tenemos un problema grave de encaje entre Cataluña y España, pero nadie ha explicado, ni al resto de los ciudadanos de España, ni a los de Cataluña, algunas de las cosas que a lo mejor sería bueno discutir.

Mujer: Claro, porque cuando tú, como programador o ejecutivo de televisión, decides poner una cosa en vez de la otra, o cuando tú, en función de la curva de audiencia, decides abrir un informativo con una información y no con otra, intentas eso, que el espectador no pueda apartar la mirada, y eso puede ser muy eficaz, y todos sabemos que esa televisión va dirigida a los impulsos más primarios, tengamos la formación que tengamos. Y yo insisto en que no todos somos iguales, porque a los que estamos aquí ese tipo de televisión no nos perjudica. Nosotros somos personas intelectualmente solventes, formadas... y, si salimos de ver una programación de ese tipo, la borramos inmediatamente de nuestra mente y seguimos con nuestras grandes y doctas aficiones, pero hay un segmento de la población, que es al que va dirigido este modelo televisivo, que no puede ni sabe hacer eso, y cuyo único elemento de ocio es la televisión.

Hombre: A mí lo que me interesa es que se razone. Se está perdiendo tiempo y dinero dando vacuidad en televisión de una manera intolerable, cuando es un medio extraordinario de formación de la gente. Además, la televisión tiene que entretener y puede a veces ser más dañino y más alienante un telediario que un programa basura. Una información parcial, unilateral, que esconda aquello que no tiene que esconder puede hacer mucho daño.

803 palabras   *Adaptado de www.rtve.es*

Pista 3. Tarea 6, p. 17

Jordi Hurtado presentador del concurso
Saber y ganar en *La ventana*

Entrevistadora: Jordi Hurtado, ¡buenas tardes!
Jordi Hurtado: Buenas tardes a todos. Muchas gracias por invitarme. Estoy encantado de estar en *La ventana*.
Entrevistadora: Mira, hoy tenía puesto el programa, y aprendí que el último disco que hicieron los Beatles antes de separarse fue *Let it be*.
Jordi Hurtado: Eso lo aprendí yo también al grabar ese programa, pero se me había olvidado…
Entrevistadora: Dime, ¿grabáis todos los programas en un día?
Jordi Hurtado: Son rondas de grabación largas, intensas, durísimas para todos, sobre todo para los concursantes, porque los profesionales del medio debemos dar la cara y debemos intentar que no se note que llevamos muchas horas grabando, porque claro, el programa tiene una duración que no llega a media hora y para el espectador han pasado 24 horas cuando vuelve a ver otro, han pasado muchas cosas en su vida y no se puede notar que tú estás cansado. En cambio, los concursantes lo acusan mucho.
Entrevistadora: ¡Se dice pronto! Son diez años de programa, ¿no?
Jordi Hurtado: Exacto, en febrero de 1997 empezó un encargo que Televisión Española Sant Cugat hizo a Sergi Schaff. Él creó el programa. A mí me parece que lo que hay que valorar del programa tras estos diez años seguidos con una audiencia muy alta, sin bajar, y sin quemarnos es que es un programa que, a diferencia de otros, no es una sucursal, una franquicia o un modelo que haya en otros países, sino que es un modelo autóctono, creado aquí y que le vamos dando forma, el equipo siempre, vamos variando.
Entrevistadora: ¿Y cómo vais a celebrar el décimo aniversario? Emitís varios programas especiales, ¿no?
Jordi Hurtado: Bueno, Gemma, estamos tan ilusionados, incluso la dirección de Televisión Española se ha contagiado de ese entusiasmo, desde el viernes pasado estamos con *los magníficos*, los mejores del año pasado, y con ellos ya es una celebración. A partir del 2 de marzo, vamos a realizar cuatro programas especiales con la gente más significativa, a la que más conoce el espectador fiel de *Saber y ganar*, los que han sido muy buenos a lo largo de estos años, los concursantes que por algo son carismáticos. Con ellos haremos cuatro programas especiales: estarán los que han llegado a cien o muy cerca de los cien programas, y lo que ganen lo vamos a dar a UNICEF. Eso de momento.
Entrevistadora: Oye, Jordi, me estaba acordando ahora de ese programa legendario *Si lo sé no vengo*… ¿De qué año era eso? ¿Del 88 puede ser?
Jordi Hurtado: Un poquito antes… *Si lo sé no vengo* nació en el verano del 85. Esa fue la primera vez que me encontré delante de una cámara. Hasta entonces me encontraba en el mismo lugar que estáis vosotros, con otros decorados, pero en Castelldefels, en Radio Barcelona, que siento como mi casa, porque allí me hice profesionalmente.
Entrevistadora: ¿Y también en la radio, hacías concursos, verdad?
Jordi Hurtado: Esa fue la primera ocasión en la que me encontré con programas de conocimientos con *Lo toma o lo deja*. Fue mi primer contacto con este tipo de programas. Funcionó muy bien recuperar el añejo *Lo toma o lo deja*, tuvo un gran éxito, y a partir de ahí llegó la oportunidad de *Si lo sé no vengo*, la primera vez que hice televisión. Era un programa también creado por Sergi Schaff, que no me conocía de nada y fue un insensato que se atrevió a ponerme en la primera cadena cuando no había televisiones privadas y cuando las audiencias no preocupaban a la gente como ahora.
Entrevistadora: Era un paisaje televisivo tan distinto el de esa época y un formato irrepetible. A mí *Si lo sé no vengo* la verdad es que me gustaba tanto…
Jordi Hurtado: Sí, el diseño era absolutamente familiar, porque… yo me llamaba *el enterao*, que tenía que estar enterado de todo, también estaba *el invisible* haciendo las preguntas…
Entrevistadora: Bueno, y esa frase que decías: «Atención, pregunta…».
Jordi Hurtado: *Si lo sé no vengo* fue un programa que innovó en muchas cosas, y tuvimos que ir aprendiendo.
Entrevistadora: Jordi Hurtado también es muy actor, porque hoy al comienzo del programa ha puesto voz de

pirata. En realidad es un *showman*, un gran hombre de radio y televisión y de doblaje porque tienes una voz como de plastilina, y puedes hacer con ella lo que quieras…
Jordi Hurtado: Me estoy sonrojando…
Entrevistadora: Bueno, Jordi, pues que celebres pronto el programa 3 000 porque llevas más de 2 200 programas de *Saber y ganar*…
Jordi Hurtado: Sí, sí, es sensacional. Es el programa con mayor audiencia de la 2, con una gran vitalidad y una gran fuerza y parece que vamos a poderlo celebrar también con un especial en horario nocturno.
Entrevistadora: ¿Tú crees que si cambiarais al horario nocturno tendríais la misma audiencia?
Jordi Hurtado: Por supuesto que no, está clarísimo. Otra cosa es un especial.
Entrevistadora: Jordi Hurtado, muchísimas gracias, amigo…
Jordi Hurtado: Gracias a todos los de *La ventana* que también lleváis un montón de años, ¿no?
Entrevistadora: Casi igual que tú, Jordi, un beso.
Jordi Hurtado: ¡Felicidades! ¡Hasta pronto!
856 palabras

Adaptado de www.cadenaser.com

PRUEBA 2 Comprensión auditiva y de lectura y expresión e interacción escritas

Pista 4. Tarea 1, p. 18

El libro electrónico

Entrevistador: En este programa vamos a analizar los lectores de libros electrónicos, las opciones, los precios, las tiendas y todo lo que tiene que ver con esto, las ventajas, los inconvenientes… y para hablar de ello contamos hoy con Verónica Carmona y Daniel Ortega, bienvenidos al programa.
Verónica: Hola, ¿qué tal? Tengo que decir que hace dos años tuve mi primer contacto con el libro electrónico. La empresa Grammata, ubicada en Granada, vino a enseñárnoslo cuando la gente todavía apenas lo conocía.
Entrevistador: ¿Y cómo visteis el soporte? ¿Lo visteis de forma parecida a como se percibe hoy o pensasteis que era un cacharrillo que no tenía futuro?
Verónica: Pues realmente lo manejamos poco porque la visita fue breve, y no le dimos la importancia que ahora se le está dando porque no tenía el hueco que ahora parece que sí está teniendo. Era algo raro por aquel entonces. Nos planteaban la posibilidad de pasar a PDF el periódico para que la gente que tuviese ese aparato pudiese leerlo.
Daniel: A mí también fue Grammata la que me lo envió para poderlo analizar, comentar, y lo que veíamos es que estaba genial y que era mucho más fácil leer en ese formato que en la pantalla del ordenador, en un móvil, u otros medios… sin compararlo con el libro en papel, sino frente a otros formatos digitales, pero no muchos le vimos el interés que podría llegar a tener. También hay que tener en cuenta los modelos que hay en el mercado.
Verónica: No solo hay que tener en cuenta el modelo de libro electrónico, sino el formato en el que está cada libro. Yo suelo usar documentos en PDF o en Word que se leen mejor que en el ordenador.
Daniel: Sí, pero hay otros muy populares como el epub que es un formato un poco más específico de libros electrónicos…
Entrevistador: Y ahora vamos a hablar de las ventajas que tiene…
Verónica: Por ejemplo, ahorro de costes, espacio, fácil acceso a la cultura…
Daniel: Yo creo que es fundamental sobre todo la posibilidad del formato digital, el tener en una tarjetilla de muy pequeño tamaño toda tu biblioteca o buena parte, el decir a alguien: «Toma, te doy mis libros, los libros que yo he escrito o los que me han parecido interesantes». Esa distribución y acceso no solamente a libros como tal, sino a artículos en PDF que decíamos antes, de publicaciones de Internet que muchas veces no se publican en papel, y también la facilidad para leer esos documentos, yo creo que esa es la baza principal del libro electrónico.

Verónica: Sí, y además cuántas veces nos han regalado esas preciosas ediciones que luego a la hora de llevártelos nos han parecido un poco pesados.
Daniel: Exacto, ¿adónde vas con un libro de estos? Esos están destinados a ir a la estantería de casa, y normalmente allí mueren, cogiendo polvo y como mucho de vez en cuando le echas un vistacillo, pero no puedes llevártelos…
Entrevistador: Esas son las ventajas, ¿y los inconvenientes? ¿Qué inconvenientes tiene el libro electrónico?
Verónica: Pues el precio, aunque hay móviles que cuestan eso y más. Todavía pueden parecer un poco caros, sobre todo si piensas en una familia, y que cada miembro necesita tener un libro. Una familia acostumbrada a leer, claro. Aunque hay familias en las que cada miembro tiene un ordenador, pero estos dispositivos relativamente nuevos aún no se ven como un desembolso normal.
Daniel: Puede ser, por ejemplo, las cámaras de fotos, antes había una cámara familiar, y sin embargo, ahora cada miembro tiene su cámara, su móvil, su ordenador… poco a poco, quizás, tenga su libro electrónico también. No sería raro, porque es un poco difícil de compartir. Yo creo que existen ya bibliotecas, y en Granada tenemos el ejemplo de una biblioteca, la de la Obra Social, que te dejan un libro electrónico, un Papyre, con unas limitaciones, porque no te lo dejan mucho tiempo, solo un fin de semana, que considero que es muy poquito tiempo: o lees rápido o…
Verónica: Yo creo que es lo justo para conocerlo, acostumbrarte y plantearte comprarlo.
Daniel: Pero quien no tenga la posibilidad de comprarlo sabe que tiene un sitio donde se lo pueden dejar, así que yo creo que esa brecha no se agudiza con los libros electrónicos. También puedes decir: «Yo es que por 2 € en uno de esos puestecitos de la calle me puedo comprar un libro», pues eso seguirá y puede que mucho tiempo.
Entrevistador: Otra cosa que me viene a mí a la cabeza es que cuando nos regalen ahora un libro… ¿Cómo se va a envolver un libro electrónico?
Daniel: Sí, tienes razón… ¿qué te dan? ¿Una tarjetilla en una cajita?
Verónica: Bueno, quizás más adelante diseñen unas tarjetas SD para libros, personalizadas o con una especie de funda.
Entrevistador: Bueno, pues hasta aquí hemos llegado hoy. Muchas gracias, Verónica y Daniel, y hasta pronto.
825 palabras

Adaptado de www.comunicandopodcast.com

EXAMEN 2

PRUEBA 1 — Uso de la lengua, comprensión de lectura y comprensión auditiva

Pista 5. Tarea 4, p. 39   Acento mexicano

Pasión por la arqueología:
Chichén Itzá

Chichén-Itzá, un nombre muy extraño para una ciudad; su origen hay que buscarlo en el pasado. Chichén-Itzá evoca sin rodeos lo que la hizo tan famosa, su enorme pozo natural *ts'ono'ot*, devorador de víctimas humanas y sus fundadores, los itzá, convertidos en señores de sus aguas sagradas.
Modesto centro de peregrinaje maya durante el periodo clásico prehispánico y abandonada hacia el año 900, la ciudad se convierte, bajo el impulso de los itzá, en una importante metrópoli militar, política y religiosa donde se mezclan las dos culturas, maya y tolteca. Durante doscientos años la ciudad disfruta de un esplendor sin igual y sus dirigentes ejercen su supremacía sobre todo Yucatán. ¿El secreto de este ascenso vertiginoso? Las inva-

siones, las guerras y alianzas alternas, las horrendas prácticas de los sacrificios, el arte de la propaganda, pero también ingeniosas innovaciones políticas y culturales desconocidas hasta entonces. De los itzá, los mayas decían en cambio que eran salvajes, vulgares, incultos, y sin moral… ¿Cómo eran exactamente? ¿Quiénes eran los itzá? En este aspecto divergen las opiniones de los investigadores. Según las crónicas antiguas, especialmente los libros del *Chilam Balam,* los itzá procedían del pueblo tolteca, de lengua náhuatl, y originaria de Tula, en la altiplanicie mexicana. Guiados por su jefe, habrían tomado la ruta de Yucatán, entre el año 928 y el 948 por razones políticas y económicas y habrían hecho irrupción en el país de los mayas.

Michel Antochiw, historiador, vive en Yucatán desde hace muchos años; para él los itzá derivan de la cultura maya; no eran nada extraños en la zona: «Provenían, ciertamente, de una zona que estaría situada entre Tabasco y Petén, en Guatemala. En esta región posiblemente también entrarían en contacto con la población náhuatl de la altiplanicie».

La metrópoli se extiende sobre trescientas hectáreas. A una cierta altura, rápidamente nos sorprenderá su organización, muy lejos de nuestras concepciones occidentales.

Contrariamente a lo que se conocía en el viejo continente, el plano de las ciudades prehispánicas no era en cuadrícula, y las calles no estaban flanqueadas por edificios.

Siempre se pensó que el sector sur correspondía a la ciudad antigua, levantada por los mayas antes de la llegada de los invasores, mientras que la parte norte correspondía a la ciudad nueva, construida por los itzá toltecas.

A la luz de los jeroglíficos recientemente descifrados, una gran parte de investigadores actuales afirma que las dos zonas son coetáneas y que el conjunto es el fruto de una estrecha fusión entre dos pueblos.

Partidarios de la integración e innovadores en la manera de gobernar, los itzá saben también comunicarse. En aquella época, la mayor parte de su población no sabía ni leer ni escribir. ¿Cómo dirigirse entonces a las masas? ¿Cómo obtener la adhesión a los programas político-religiosos concebidos por sus dirigentes? Mediante una puesta en escena eficaz del espacio urbano y de sus monumentos. El principio es sencillo: orientar de manera sistemática la mirada del espectador y suscitar en él la sorpresa, la emoción, el respeto y el temor reverencial, sensaciones que favorecen la concentración mental y evitan cualquier distracción e incertidumbre. Para ello, el arquitecto maya-itzá combina a ultranza el efecto de las luces y las sombras, las superficies, las formas y volúmenes, los colores. Elementos omnipresentes y fundamentales, las escaleras. Por todas partes, rompen la unidad del paisaje urbano e invitan a la imaginación a elevarse aún más alto en su preocupación obsesiva de comunicación entre el mundo terrestre y celeste.

En el corazón de este vasto tejido urbano, el eje que une los dos *ts'ono'ot* de la ciudad, se yergue uno de los monumentos más célebres de la región del Mayab, el auténtico abanderado del pensamiento cosmológico precolombino. A pesar del nombre que le dieron los españoles, *el castillo* se trata de un santuario dedicado a la antigua y misteriosa divinidad antropozoomorfa Quetzacoatl, la serpiente con plumas venerada en Teotihuacán y bautizada Kukulcán por los mayas.

Más allá de sus prácticas sanguinarias, comunes al parecer a todos los pueblos precolombinos e intrínsecas con el mantenimiento del orden cósmico más que a una sed desenfrenada de violencia, los itzá fueron los artífices del renacimiento social, político, religioso y artístico de Chichén-Itzá, contribuyendo así a su perennidad.

699 palabras

Adaptado de www.ivoox.com

Pista 6. Tarea 5, p. 40

La leyenda del tiempo. Flamenco y Camarón

Hombre: Yo creo que en el arte flamenco, en general, los artistas profesionales son poco generosos, ¿en qué? En la enseñanza. ¿Vosotros creéis normal o no es sorprendente que en España haya 140 festivales de *jazz* y no haya 140 festivales de flamenco? Y si quitamos los festivales de flamenco que hay en Andalucía, que hay muchísimos en verano, que les ayudan, que crean trabajo para los músicos, imaginaos…
¿Por qué?
Por ejemplo, en América el *jazz* nace casi en la misma época, más o menos en 1760, y los artistas han creado

unos códigos por niveles para que la gente pueda aprender: la música, el canto y la danza. En flamenco, todavía no hemos sido capaces de crear esos códigos, porque es muy elaborado, y eso yo creo que los artistas deberían asumir su parte de responsabilidad. Y luego, otra cosa que se dice mucho, que yo no comparto, es que en el flamenco exista la improvisación. ¡No lo creo! Yo creo que el flamenco es muy cerrado, estrictamente, muy riguroso y es tan cerrado como se ha hecho creer que es la música clásica. No existe la improvisación hablando de flamenco, porque no existe una armonía o más concretamente, una melodía armonizada, a partir de la cual el cantaor o el guitarrista puedan improvisar. Hay otro sistema, no hay improvisación. Esto es una cosa grave porque la gente cree que en el flamenco tú sales ahí y haces lo que quieres. No, hay una interiorización muy grande y, por lo tanto, lo que yo creo que también falta es este paso para que los artistas creen formas para que a la gente joven no le cueste tanto como a la anterior generación.

Yo os puedo traer declaraciones de grandes artistas de flamenco, como Paco de Lucía, que hace dos años declaraba lo que yo he dicho antes: «No se puede enseñar flamenco».

Pero esto está cambiando radicalmente y cada vez va a cambiar más, hay muchísima gente que asiste a ciclos, a recitales… El flamenco se ha centrado últimamente mucho en el público joven que está muy interesado tanto por aprender para poder llegar a ser profesionales como simplemente por ser aficionados que quieren asistir a los actos. Esto es muy importante. Cada vez más, este sector joven es el que empuja, es el que exige, el que reivindica, el que está ahí dando el callo. Yo creo que esto es básico.

Mujer: A ver, el flamenco es un género musical, pero a lo mejor hay gente que no lo considera así. Cuando tengamos las mismas oportunidades que tienen otras músicas y que el Estado nos haga el mismo caso, pues entonces estaremos en igualdad de condiciones. A pesar de todo eso, el flamenco sobrevive y estamos ahí partiendo la pana y es universalmente conocido. Imagínate si nos hicieran caso. Porque efectivamente hay unos códigos en el flamenco que todos conocemos y por eso la gente que no está en el flamenco dice: «¿Cómo es posible que acabéis todos a la vez?». No sé qué músico fue quien lo dijo, no sé si fue Von Karajan, algo así como que «el flamenco es un arte que están todos locos, pero acaban todos en el mismo sitio». Porque claro, hay códigos: improvisar se puede, siempre y cuando respetes esos códigos. Tú no cantas siempre lo mismo, o sea, depende de la guitarra que tengas al lado, de lo que te inspire, de lo que tú veas…

Porque ahora hay muchísimos más festivales y todo eso, pero antes, en los tablaos, yo me quedaba a escuchar a Camarón y a La Perla, y luego nos íbamos a algún sitio… Había mucho más contacto entre los artistas. El propio artista no te enseñaba en su casa. Nosotros íbamos como polvorilla a escucharlos.

Es que dependemos un poco de que al político de turno le caigamos bien o le parezca que la música flamenca tiene la importancia que tiene. Porque para mí es importantísimo; es nuestra cultura. Entonces yo veo que hay otros géneros musicales que sí tienen mucho apoyo, y nosotros pues también lo tenemos, lógicamente, pero no el que necesitaríamos. Yo veo que cuesta mucho trabajo que alguien que haya grabado un disco, una persona joven, pues que se lo incluyan en las listas, que lo pongan en la radio… Es que es dificilísimo, es que lo tienen crudo.

Lo que llevas en la masa de la sangre es tu afición, tu sentimiento, tu espiritualidad y tu alma. Eso lo tiene todo el que nace aquí y en Rumanía. Si a un niño recién nacido te lo llevas a Rusia, desde luego que no sale Paco de Lucía.

779 palabras

Adaptado de www.rtve.es

Pista 7. Tarea 6, p. 41

Pedro Almodóvar habla de los Globos de Oro en *La ventana*

Entrevistadora: Pedro Almodóvar, buenas tardes.
Pedro Almodóvar: ¿Qué tal, Gemma, cómo estás?
Entrevistadora: Somos tan felices, Pedro… ¿cómo te sientes al tener otra película finalista a un premio tan importante y tan prestigioso?
Pedro Almodóvar: Pues me siento muy bien, porque ya he estado nominado varias veces y en dos ocasiones lo

hemos ganado por *Todo sobre mi madre* y *Hable con ella*, y esto no hace que el placer y la alegría sean menores. O sea, cada vez es más complicado justamente estar presente en premios que ya incluso te han dado más de una vez, con lo cual estoy aún más contento.

Entrevistadora: Y de las otras películas, ¿cuál te da más miedo? ¿La de Irán quizá? ¿La de *Una separación*?

Pedro Almodóvar: Esa la he visto y es maravillosa. Es una demostración además de que el neorrealismo es el único género y el único estilo al que se le puede abordar tal cual sin renunciar a ninguna de sus claves. *Una separación* es como si Vittorio de Sica hubiera hecho *Divorcio a la iraniana* con Sofia Loren y Marcello Martroianni, pues eso es *Una separación,* pero en iraní, y da muchas claves sobre una sociedad que conocemos muy poco y a la que cinematográficamente hablando conozco solo por Abbas Kiarostami.

Entrevistadora: Pedro, tú siempre has dicho que te gusta mucho la ceremonia de los Globos de Oro, frente a la de los Óscar, ¿verdad? El ambiente es como más relajado.

Pedro Almodóvar: Sí. Yo no bebo, pero he estado rodeado toda mi vida de gente que bebía y que, como mi padre y mi abuelo, hacían vino en La Mancha y luego en Extremadura. No tengo nada en contra del alcohol, pero por alguna razón yo no bebo, pero se nota, no ya que sea una ceremonia relajante, sino que en los Globos de Oro puede ocurrir casi cualquier cosa y eso es muy de agradecer. Esta gente está mucho más suelta. La estás mirando a dos metros escasos de distancia y realmente eso de que hayan bebido a lo largo de la cena es muy grato porque le quita rigidez y tampoco son tan rigurosos con los 45 segundos que te conceden. Yo recuerdo, fue una pasada… y me arrepiento incluso de haber estado tan disparatado, pero con *Todo sobre mi madre* estuve como 10 o 15 minutos porque no esperaba que nos lo dieran. Porque estaba en mi mesa Catherine Deneuve, y si viene Catherine Deneuve a una ceremonia es que le dan el premio, y había *Indochina* ese año y yo estaba seguro de que era para Francia. Entonces, me cogió muy desprevenido y en esas ocasiones yo hago directamente cabaret en un inglés imposible. Me da mucha vergüenza, pero estuve, ya digo, de 10 minutos a cuarto de hora e improvisando. Lo que pasa es que la gente se reía, con lo cual la cámara decía: «Ya está bien», pero la verdad, no son tan rigurosos.

Entrevistadora: ¿Y no te da miedo Ricky Gervais? Porque el pasado año, recordarán los oyentes, fue el presentador y levantó una polémica tremenda, fue muy duro.

Pedro Almodóvar: Sí me da miedo, sí. Yo recuerdo perfectamente la última ceremonia y creo que el resto de los actores: Tom Hanks, Bruce Willis estuvieron como unos caballeros, porque cuando alguien te presenta como el padre de Ashton Kutcher y se está refiriendo al marido de tu exmujer, lo que se merece Ricky Gervais es que Bruce Willis llegue y le lance una puya. Yo no soy la persona más políticamente correcta, en absoluto y, es más, estoy en contra de la corrección política, pero esto es una cuestión…, es decir, estás en un escenario, la gente está allí defendiendo su película o porque te han invitado y tú no tienes por qué oír a alguien que se está metiendo contigo en esos términos. Ahora, ¿que eso gusta? Gusta tanto como otras cosas bastante sangrantes. El presidente de esta asociación del año pasado se metió directamente con él y sin embargo ahí está de nuevo presentando por tercera vez. Yo creo que es bueno para el espectáculo, pero a mí me incomoda un poquitín, aunque en un escenario hay que dar algo de espectáculo y crear una cierta tensión dramática y eso lo sabemos todos. No puedes estar todo el tiempo en plan baboso, porque en un escenario tiene que haber un poco más de chispa. Pero, bueno, no voy a hablar de la ceremonia pasada; a esta sí voy a ir y espero pasármelo muy bien porque hay mucha gente que conozco allí, mucha gente que admiro y después pues os lo cuento.

Entrevistadora: Pedro, ¿los Globos tienen alguna dotación económica?

Pedro Almodóvar: No, pero el beneficio es bastante inmediato porque la mayoría de las películas que nominan, por ejemplo, la mía, pues está en cartel en Estados Unidos, en plena expansión en el mercado americano, entonces esta nominación nos viene de perlas y entiendo que el 95% de las películas que están nominadas pertenecen a lo que se ha estrenado en los últimos 4 meses y están todas en cartel.

Entrevistadora: Bueno, Pedro, lo dejamos aquí, muchísimas gracias por atendernos, enhorabuena porque estamos muy felices de que todo te vaya tan bien, gracias.

Pedro Almodóvar: Muchas gracias a vosotros por compartir felicidad. ¡Hasta pronto!

885 palabras

Adaptado de www.cadenaser.com

PRUEBA 2 Comprensión auditiva y de lectura y expresión e interacción escritas

Pista 8. Tarea 1, p. 42

La moda que mata

Desde la Edad Media existen antecedentes sobre la anorexia, ya que las monjas seguidoras de San Jerónimo se imponían un ayuno voluntario hasta estar tan delgadas que perdían su menstruación. También la princesa Margarita de Hungría murió de inanición intencionada. Un ejemplo histórico adicional: una monja carmelita que solo comía hostia de la eucaristía durante 7 años.

Existen en Internet una serie de *blogs* con testimonios de mujeres jóvenes donde escriben un diario detallado con la obsesión de perder peso, el desprecio por la comida y el deseo de alcanzar la perfección.

Qué triste es pensar que las cosas se terminan si no te ves estéticamente bien para agradarles a los demás. O la idea tonta de creer que si no cabes en una talla pequeña no te permitirá entrar en el círculo de amigos que te aceptaría solo si tú mides 90-60-90. Es ridículo, pero la realidad es esa.

Primero, empecemos por diferenciar anorexia y bulimia, también llamadas Ana y Mia. La primera se caracteriza por el rechazo a la ingesta de alimentos, incluso llegando al ayuno total. En el caso de la bulimia se presentan periodos de voracidad con atracones de comida, seguidos de un sentimiento de culpa, ejecutando medidas como inducirse el vómito o laxarse. En ambos casos, el común denominador será el miedo aterrador a ganar peso o la obsesión por perderlo.

Son varias las causas que provocan estos desórdenes. Laura Elliot, en su libro *Anorexia y bulimia,* apunta que el rompecabezas para conformar un trastorno alimenticio tiene las siguientes piezas: los mensajes de los medios, influencia familiar, imagen corporal, baja autoestima, influencia de amigos, traumas, comentarios negativos acerca de la figura corporal, dietas y artistas como ideales.

La edad promedio en la que se presentan esas enfermedades es de los 12 a los 25 años y su mayor incidencia se alcanza de los 12 a los 17. Sin embargo, el rango de edades se amplía cada vez más. Por otra parte, la anorexia y bulimia también están presentes en los niños, quienes se enfrentan a un doble discurso publicitario con el cual no es nada fácil convivir. Pues por una parte los invitan a comer una serie de alimentos deliciosos hipercalóricos para después, cuando sean adolescentes, tengan que emprender una carrera para obtener un cuerpo perfecto, a partir del consumo de productos *light*.

Los medios influyen de distintas maneras en el desarrollo de un desorden alimenticio. La imagen de las modelos, cantantes y actrices que ocupan las portadas de las revistas femeninas aparecen rodeadas de un halo de glamur: las prominentes clavículas, sus piernas y caderas delgadas, el rostro afilado con pómulos muy marcados, los huesos de las costillas y columna perfectamente visibles son inspiración para ir en busca de esa belleza ideal. Pero las propias princesas del glamuroso paraíso de la farándula han reconocido que no hay tal. Admiten, por la presión que existe en la sociedad de hoy, que esas fotografías están maquilladas y tienen iluminación especial.

Otra de las formas en que los medios influyen es con la publicación de dietas milagrosas, productos que te dicen adelgazar casi de la noche a la mañana y ninguno cuenta con supervisión médica. Algo que sería muy importante en los medios sería generar conciencia, y no promoverlas si no están avaladas por ciertas instituciones o por la Secretaría de Salud, porque las chicas que ven o escuchan las dietas tienen riesgo de presentar estos trastornos y muchos medios aún no han asumido la responsabilidad de difundir y fomentar estos modelos estéticos.

Por otra parte, y según la Asociación de lucha contra la bulimia y la anorexia, uno de cada diez jóvenes padece algún trastorno alimenticio. La OMS afirma que el índice de mortalidad por bulimia y anorexia en el mundo es de un 15%, siendo el 90% mujeres.

Es difícil entender la lógica y el desprecio por sí misma. La falta de autoestima y la suma de los anuncios en medios publicitarios por un cuerpo perfecto en cualquier chica predispuesta a sufrir estos trastornos son como darles un arma cargada para dispararse en cuanto la situación se rebase.

La moda que mata está terminando con los sueños y expectativas de muchas mujeres jóvenes y las no tanto. Las medidas que se toman para combatir este tema son pocas. Ana y Mia no son definitivamente las mejores amigas que uno espera tener. El ideal de la figura perfecta no existe: cada quien vale por lo que es y por lo que piensa y, aunque estemos todos de acuerdo, nada de esto es cierto si uno mismo no se lo cree.

764 palabras

Adaptado de www.radioteca.net

EXAMEN 3

PRUEBA 1   Uso de la lengua, comprensión de lectura y comprensión auditiva

Pista 9. Tarea 4, p. 63   Acento mexicano

Pidiendo ayuda a los ángeles

Los ángeles pueden cambiar tu vida, y todo lo que tienes que hacer es pedirles que te ayuden, tan solo eso. Vamos a contemplar, alquímicamente, esta decisión, analizando sus cuatro condiciones necesarias.
QUERER: Doy por supuesto que quieres entablar esta comunicación y que deseas realmente pedir ayuda a los planos superiores de la existencia. El querer es el motor de todo. Si el motor falla, o ni siquiera existe, no habrá oportunidad ni posibilidad de llegar a la meta, ni de obtener el mínimo resultado, por mucho que esa meta y esos resultados, tan deseados, estén esperándonos tras el primer recodo del camino.
PODER: Todos podemos y todos pueden. Ni siquiera el hecho de no creer en la existencia de los ángeles es un impedimento para recurrir a ellos y para beneficiarnos de su ayuda. Es cierto que el poder de la fe enorme mueve montañas, pero en este caso su papel, aunque por supuesto ayuda a establecer la comunicación, no es primordial.
SABER: En realidad no existe protocolo ni normas establecidas; cualquier llamada, cualquier intento de dirigirnos a ellos que sea sincero y proceda del corazón les llegará, será escuchado y atendido. Sin embargo, para evitar interferencias, es bueno tener presentes las siguientes recomendaciones que no son más que leyes universales aplicadas a este caso particular:
<u>Primera ley</u>: evitar las prisas y la precipitación.
Aunque me consta que las llamadas urgentes y desesperadas son puntual y atentamente atendidas, el contacto con nuestro ángel de la guarda, o con cualquier otro, se realiza mejor en una atmósfera de calma y tranquilidad tanto interior como exterior.
<u>Segunda ley</u>: tener presente, siempre muy presente, el inmenso poder creativo de la palabra. La charla inconsciente y ociosa encierra siempre un peligro y ese peligro se multiplica por mil cuando los términos que usamos tienen una carga transcendente o divina.
<u>Tercera ley</u>: tratar siempre de utilizar en nuestra petición el tiempo presente.
El tiempo y la dimensión temporal no existen más que para nosotros, hijos de las esferas y de las estrellas, habitantes del mundo visible. En el mundo invisible no hay tiempo ni dimensión temporal. Todo lo que existió, existe y va a existir, está siempre presente. Por ello, debemos esforzarnos en evitar el uso del pasado y del futuro, pues podría ser que, de otro modo, el ángel al que dirigimos nuestra petición le fuera más difícil captarla.
<u>Cuarta ley</u>: es necesario expresarse siempre de una manera positiva.
Al utilizar frases negativas, aun sin ser conscientes de ello, estamos ya imaginando la pérdida, la derrota, y eso es lo que transmitimos a los planos más sutiles de la realidad y a los seres que allí recogerán nuestras súplicas.
<u>Quinta ley</u>: tratar de considerar el asunto como ya resuelto e incluso incluir en nuestra petición el agradecimiento por haberlo recibido.
Se trata de evitar por todos los medios que, mientras nos afanamos en componer la petición de la mejor manera, nuestra mente esté en realidad transmitiendo: «Quiero esto, pero no tengo mucha confianza en que esta petición sirva para algo». ¿A cuál de ambas ideas deberán entonces ellos responder?
<u>Sexta ley</u>: ser muy cuidadosos, pues recibiremos exactamente aquello que estamos pidiendo, con toda una serie

de implicaciones, inherentes al hecho o al objeto pedido, que tal vez ahora ni siquiera alcanzamos a imaginar.
Séptima ley: ser claros y concisos y tratar de evitar las incongruencias.
Octava ley: finalmente es importante dar las gracias. Ello cierra y concluye el ciclo. La acción de gracias consolida lo obtenido y nos confiere el título de propiedad sobre ello. Omitirla es como dejar abierto un circuito por el que puede escaparse la energía con efectos indeseados.
ATREVERSE: El paso más decisivo es atreverse a abordar un tipo de comunicación y de relación totalmente diferente.
Es la capacidad de movernos fuera de los esquemas que tenemos, de saltar sobre ellos y de mirar con ojos nuevos a la realidad; así, lo primero es atreverse a pensar que, pese al hecho de que nuestros sentidos no los capten, existe la posibilidad de que los ángeles sean una realidad, y de que una comunicación entre nosotros y ellos sea perfectamente factible.
Hay que comenzar la jornada mandando un pensamiento a los ángeles especialistas en nuestra actividad para que, desde el plano invisible, nos acompañen y nos ayuden.
717 palabras

Adaptado de www.ivoox.com

Pista 10. Tarea 5, p. 64

¿Existen los fantasmas?

Hombre: Yo creo que hoy casi nadie cree en Dios y casi todo el mundo cree en fantasmas, y eso me inflama, me hiere, porque yo, en el fondo, como psiquiatra, como neurocientífico, tengo otra visión. Como psiquiatra, sé que el miedo, la angustia existencial de la muerte, es el origen de casi todo lo paranormal. Es decir: nos vamos a morir, vamos a desaparecer físicamente. Quizás el ser humano no quiera desaparecer físicamente, se rebele contra eso, y entonces las culturas han proyectado una necesidad de ir más allá.
El fantasma, desde el punto de vista psiquiátrico, muchas veces es la proyección de un tema nuestro y no está clasificado en ningún tratado de bioquímica o biología molecular.
Siempre se ha dicho, y eso lo manifiesto como es, que por desgracia estos fenómenos, que no voy a entrar si existen o no, no pueden surgir cuando uno quiere, como en un laboratorio. Eso, ya de entrada, supone un hándicap para la investigación.
¿Por qué los científicos se oponen, en principio, a todo este mundo? Si la ciencia no sabe ni lo que está ocurriendo en el universo, ¿cómo vamos a creer además en fantasmas?
La ciencia intenta explicar los fenómenos de la forma más simple posible. Es decir, ¿esto se puede explicar en el 99,99% de los casos como una alucinación? Siempre será esto preferible a pensar que viene de otro mundo. Una alucinación es un fenómeno patológico, producido por drogas, enfermedad, etc. Tenemos epilepsias, trastornos crepusculares, estados semiinconscientes, comas, personas que van a morir y tienen visiones, enfermedades mentales manifiestas, drogas, psicofármacos… Es decir, hay un montón de explicaciones a los fantasmas. En encuestas gigantescas en EE. UU. sobre la creación, el 65% de los que opinaban creía que el mundo se había creado en 7 días, lo cual quiere decir que la verdad no es votable y me preocupa ver que en España la gente sea más crédula que en otros países, lo que quizás tenga algún origen en la tradición, o en alguna razón histórica.
No me sorprende que el ser humano sea tan crédulo, porque es muy natural que crea en esas cosas, ya que necesitamos creer, pero todo científico persigue conocer la realidad lo mejor posible, y si tuvieran datos en este sentido, no los ocultarían jamás, sean difíciles o no de explicar.

Mujer: Yo os diría un detalle muy triste: hay gente que por sus creencias dice que cree en el más allá, es decir, que todos vamos a un más allá, y luego les cuesta creer en esa parte del más allá. Eso habría que matizarlo, porque para mí los fantasmas no son los que están en el más allá, son los que no se han ido del todo, por distintas razones y, sin embargo, esas personas no creen en ello.
El fantasma se comporta de una forma inteligente, interactúa con el testigo, le da información que en muchos casos el testigo no conoce y que posteriormente se comprueba que es verdad.

El doctor Barnard, antes de ser el famosísimo cirujano que es, estuvo ingresado en una clínica por una hepatitis viral. Cuenta que una noche, en su habitación, llama al timbre porque siente bastantes molestias y no puede conciliar el sueño. La enfermera tarda mucho y al rato ve entrar en su habitación, pero no andando, sino como flotando, una imagen de una mujer que le coge de las dos manos. Él se asusta, la rechaza y entonces esa mujer, por su levedad, curiosamente, tiene un retroceso y desaparece por un muro. Al rato, viene la enfermera y dice: «Perdone, usted, Dr. Barnard, es que no he podido venir antes porque ha fallecido la paciente que tenemos al lado de usted». Barnard lo cuenta en una entrevista impresa, y dice: «¿Era así: con el pelo cano, los ojos azules, no sé qué…?». La enfermera dice: «Sí, ¿y usted cómo lo sabe, doctor?».

Es decir, el fenómeno está ahí, porque, ¿cómo puede ver a la señora que ha muerto en la habitación de al lado? Es decir, no es una alucinación de un prado verde maravilloso, un paisaje bucólico o una escena familiar. Lo que ve es a una mujer, con unas características y luego la enfermera le dice que era la mujer de al lado.

El fantasma está clasificado y catalogado perfectamente en todos los tratados de parapsicología del mundo, no en los de química, por ejemplo, porque aún no conocemos la composición del fantasma, pero sabemos muchas cosas, como que alteran el campo magnético, que bajan la temperatura… es decir, vamos acercándonos, lo mismo que hace la ciencia en sus experimentos. Por eso, yo tengo fe en la ciencia, y llegará el momento en que esta fenomenología será aceptada científicamente.

789 palabras

Adaptado de www.mitele.es

Pista 11. Tarea 6, p. 65

Crisis y bloqueo emocional

Entrevistador: Vivimos tiempos difíciles. Hay personas que viven situaciones realmente complicadas como el desempleo. Hoy tratamos con una experta, que nos va a dar las claves para poder afrontar mejor este momento. ¿Qué tal, Carmen?
Carmen: Encantada de estar aquí.
Entrevistador: Decíamos que el paro provoca que la persona que lo sufre se encuentre en un estado de ánimo bajo, que muchas veces vea todo negro. Carmen, ¿cómo podemos atajar este bloqueo?
Carmen: Lo primero es darnos cuenta de cómo nos sentimos y de dónde nos vienen estas emociones. En muchas ocasiones, nos vienen porque hemos tenido otras entrevistas que no han salido como nosotros pensábamos, o porque hemos tenido muy pocas entrevistas en relación con el volumen de currículos que hemos enviado. Lo que ocurre es que realmente no estamos en la época que vivíamos hace diez años, estamos en otra época. El nivel de personas que buscan trabajo es mucho mayor que el nivel de puestos que ahora mismo hay, pero es importante que no perdamos el foco que es que al día de hoy hay personas a las que se las está contratando. Lo importante es centrarse en qué es lo que tengo que hacer para llegar a ser una de esas personas. Por lo tanto, una de las primeras cosas es cambiar nuestro estado emocional. ¿Y cómo hacerlo? Pues cambiando nuestra perspectiva sobre dónde nos estamos enfocando. Muchas veces nos centramos en lo que no conseguimos, pero no nos fijamos en las cosas positivas que sí tenemos.
Entrevistador: Propones que al irnos a dormir hagamos una lista de las cinco cosas positivas que nos han pasado en el día…
Carmen: Sí, porque cuando nosotros nos ponemos a pensar en cosas positivas realmente no las encontramos casi, solo vemos las cosas negativas, pero tenemos que obligarnos a hacer una pequeña lista y a escribirlas en un papel. Una cosa positiva no tiene que ser necesariamente *salvar el mundo*. Es decir, puede ser tan sencillo como que me tomé un café y en ese momento me sentí bien. Habitualmente, nos centramos en que no tenemos no sé cuánta cantidad de dinero en el banco, no tenemos esas vacaciones que sé que merezco y no he conseguido o no tenemos un montón de cosas. ¿Pero qué es lo que tenemos? Muchas veces, no nos damos cuenta de esas cosas que sí tenemos y no nos paramos a valorarlas.
Entrevistador: ¿Cómo podemos cambiar nuestro estado de ánimo para afrontar esa situación?
Carmen: Pues lo primero es cambiar ese estado emocional. Algunas de las sugerencias que podemos dar es

utilizar la música. Todos tenemos alguna canción que nos anima más. Utilicemos música alegre para cambiar ese estado. Levantemos las persianas. Estemos con luz natural. La luz del sol es muy positiva para cambiar ese estado de ánimo. Uno mismo sabe qué cosas le alegran: meterse en Internet o en otro entorno o medio y oír unos chistes… cualquier cosa que nos haga reír.

Entrevistador: Otra recomendación que tú das es que tengo que llevar muy claro lo que yo puedo ofrecer y dar y lo que la otra persona espera de mí.

Carmen: Yo me atrevería a decir que es incluso más importante lo que la otra persona quiere. Por lo tanto, en una entrevista el que ahí manda es el que dirige. Desde el momento en que nosotros seamos capaces de hacerle ver que lo que él busca, su necesidad, nosotros se la podemos cubrir, será lo adecuado. Muchas veces, esa necesidad no la cubrimos con el currículum, con la carrera o con los títulos. La cubrimos con cosas mucho más sutiles como son la actitud, la predisposición… Nosotros tenemos nuestros problemas, nuestros miedos, nuestras situaciones económicas, pero esa persona que está allí delante, también las tiene. Ahora mismo, tiene que conseguir, probablemente con menos recursos, los mismos objetivos, o más, de los que tenía antes. Por lo tanto, ¿somos nosotros la persona que va a ayudarle?

Entrevistador: Dices que una de las claves es proponértelo.

Carmen: Decía mi madre, cuando yo era pequeña, que el que quiere estudiar estudia hasta en una banqueta y, por circunstancias de mi vida, lo he podido comprobar. Cuando quieres realmente algo, cuando te lo propones, predispones tu cabeza y tu cuerpo a buscar opciones y, como decía Aníbal el Cartaginés: «Encontraremos un camino o lo crearemos». Yo invito a eso, a que creemos nuevos caminos, nuevas posibilidades donde antes no las veíamos, porque lo que está claro es que tenemos que hacer las cosas de una manera distinta. Si las hacemos como las hemos hecho hasta ahora, llegaremos a los mismos sitios a los que también hemos llegado hasta ahora.

Entrevistador: Me quedo con eso: «Encontraremos un camino nuevo o lo crearemos». Muchas gracias, Carmen.

Carmen: Muchas gracias a vosotros. Hasta pronto.

799 palabras

Adaptado de www.sermadridsur.com

PRUEBA 2 **Comprensión auditiva y de lectura y expresión e interacción escritas**

Pista 12. Tarea 1, p. 66

El número 13

Entrevistadora: El 13, un número que por suerte o por desgracia no es inocente. El 13 se relaciona desde la antigüedad con la mala suerte: hay edificios que no tienen planta 13, aviones que no tienen fila 13, hoteles que no tienen habitaciones número 13 y hospitales que no tienen cama 13. Incluso la Empresa Municipal de Transportes de Madrid no ofrece líneas de autobús con el número 13. O sea, que hay mucho supersticioso, mucho *triscaidecafóbico* y no les quiero animar, pero esta semana vamos a vivir un bonito martes y 13. ¿Saben lo qué vamos a hacer? Nos vamos a preguntar qué pasa con el número 13 porque hay que conjurar esto ya a principios de temporada, no vaya a ser que la cosa no acabe bien. José María, ¿tú le tienes manía al número 13?

José María Íñigo: No, en absoluto, ¿por qué? Es una tontería, porque aquí trae mala suerte el número 13, pero si te vas a otro lugar es otro número el que trae mala suerte. En China, Corea, Japón, por ejemplo, trae mala suerte el número 4 porque se pronuncia *shi* y *shi* es *muerte* en japonés. Entonces, claro, mejor no tocar ese tema, ¿no? Pero, bueno, es una costumbre, una cosa cultural.

Entrevistadora: Pancracio, tú tienes un *Diccionario de manías y supersticiones* y no sé si crees que la manía, la fobia, la superstición nos impiden a veces hacer cosas…

Pancracio: Bueno, esto es una costumbre antiquísima. La noticia más antigua que hay de la *triscaidecafobia*, del horror al número 13, viene de Babilonia del año 980, más o menos por tiempos del nacimiento de Abraham, hace miles de años. El calendario babilónico tenía 12 meses, pero cada 4 años se añadía un mes extra; era el mes 13, que se consideraba un mes de mala suerte. Esto coincide además con el hecho de que en la astrología, también invención babilónica, el 13 estaba bajo el signo del grajo que llevaba consigo contagios, malignidad… y de ahí arranca que este número lleve el mal fario, sea el número gafe y es muy curioso que sea la única superstición que se ha mantenido viva desde hace 4 000 años.

Entrevistadora: Sabes que la carta número 13 es *La muerte* en el tarot, pero no significa que te vayas a morir. ¿A ti qué te parece, Nieves?

Nieves: ¡Qué chorrada es lo del 13! Esto de que no haya fila 13, ni planta 13 me parece simplemente alimentar patrañas, ignorancia y superstición.

José María Íñigo: Es una operación de *marketing*. Uno no puede perder un cliente porque le digan habitación 13 o piso 13, pero como no cuesta nada, pues se hace y punto.

Nieves: Sí, pero llegará otro que diga a lo mejor: «Oiga, no me ponga la número 8 porque es que yo le tengo manía». Es dar alas a la ignorancia.

Pancracio: Además, tiene un efecto psicológico. La criatura que es maniática acerca del número 13 que le pongan una habitación 13 le hará sufrir esa noche, y no se trata de ignorancia. El supersticioso no es ignorante; la ignorancia tiene otra dimensión. La superstición es una categoría espiritual distinta, no intelectual. Es un amasijo de tradiciones, de costumbres, de leyendas que crean un cúmulo de creencias bizarras, raras que nos parecen estúpidas a los que utilizamos mucho la cabeza, pero que no tiene nada que ver con la inteligencia. Hay gente inteligentísima que es muy supersticiosa. Platón mismo, por citar uno.

José María Íñigo: ¿Sabes que en EE. UU. hay calles y avenidas en donde saltan el número 13?

Entrevistadora: Sí, sí. Oye, y en mi calle no hay número 13.

Pancracio: Yo voy a contar una cosa: mi hija nació un viernes 13 y celebra su cumpleaños pasado mañana, martes y 13 y hasta ahora somos felices. El día que nació mi hija y a la misma hora explotó la bomba en la calle de Correos.

Nieves: Wagner tiene toda su vida alrededor del número 13, nació en 1813, si sumas los números del año te dan 13, murió cuando su hijo Sigfrid tenía 13 años. Si sumas las letras del nombre, de Richard Wagner, te da 13. Compuso 13 óperas, sufrió un destierro de 13 años… bueno, en fin, todo en día 13… y murió en martes y 13, pero, sin embargo, tuvo una vida absolutamente repleta de éxitos.

Entrevistadora: Bueno, chicos, yo espero que con esta miniconversación hayamos conjurado cualquier mal rollo para los oyentes que tienen *triscaidecafobia* y que acabemos bien la temporada. Un beso a todos. Muchas gracias.

762 palabras

Adaptado de www.rtve.es

CD II - TRANSCRIPCIONES

EXAMEN 4

PRUEBA 1 Uso de la lengua, comprensión de lectura y comprensión auditiva

Pista 1. Tarea 4, p. 87   Acento mexicano

Cómo influye el Sol en La Tierra

El Sol es una estrella mediana. Una vasta esfera de gases ardientes. Es millones de veces más grande que nuestro planeta. El Sol nos envía luz y calor y sin él no sería posible la vida animal o vegetal. El Sol es considerado generalmente como una *estrella enana amarilla* de tipo espectral G2 que se encuentra en el centro del sistema solar. La Tierra, los planetas, los meteoritos, los cometas y el polvo estelar orbitan alrededor de él. La distancia media a la cual se encuentra el Sol con respecto de La Tierra es considerable, tanto que la luz tarda 8 minutos y 19 segundos en llegar hasta nosotros. Es una de las estrellas más cercanas a nosotros y su brillo es verdaderamente grande, tanto que en el pasado se le crearon ritos y ceremonias para venerarlo.

El Sol se formó hace 4 650 millones de años y tiene combustible para otro tanto. Después comenzará a hacerse más grande hasta convertirse en *una gigante roja* y finalmente se hundirá por su propio peso y se convertirá en una *enana blanca* que puede tardar un trillón de años en enfriarse. Llegará con esto un día en el que el Sol agote todo el hidrógeno y lo transformará en helio; entonces se iniciará su etapa moribunda.

Las primeras observaciones astronómicas de la actividad solar fueron realizadas por Galileo Galilei utilizando el método de proyección. Galileo descubrió así las manchas solares y pudo medir la rotación solar así como percibir que estas variaban. En la actualidad, la actividad solar es monitorizada constantemente por observatorios astronómicos terrestres y espaciales.

Cada 11 años, el Sol entra en un turbulento ciclo conocido como *actividad máxima solar*, que propicia que el planeta Tierra sufra una tormenta de Sol. Todos sabemos que en la superficie del Sol se producen continua e ininterrumpidamente millones de explosiones termonucleares como si se tratase de bombas atómicas explotando incesantemente. Estas explosiones originan unas gigantescas lenguas de fuego que se llaman *protuberancias* y se dirigen al espacio cósmico. Producto de estas descomunales explosiones son lanzados al espacio núcleos atómicos de todo tipo, así como también radiaciones electromagnéticas. Toda esta mezcla conforma el llamado *viento solar*, que se desplaza por el espacio a una velocidad de 1 000 km por segundo. Al llegar a La Tierra, el viento solar nos trae núcleos de elementos químicos superpesados con números atómicos superiores a 100, los cuales son desconocidos en nuestro planeta. Todo esto afecta a la biología humana. No tiene nada que ver con que el Sol esté más o menos radiante, con que los días sean más o menos calientes o con que nos expongamos más o menos a la luz solar directa. Lo que sí se sabe es que cuando aumenta el viento solar se registran más casos de esquizofrenia, además de ataques cardiovasculares por vía del sistema nervioso, aumenta el riesgo de malformaciones congénitas en los estadios embrionarios, se hacen más frecuentes los ataques epilépticos, ocurren más accidentes de lo normal y tienen lugar más suicidios. Las grandes epidemias que han azotado y diezmado a la humanidad parecen coincidir con periodos de intensa actividad solar. Han sido estudiadas a nivel estadístico más de 40 000 pandemias desde el año 430 hasta el año 1899 y, en efecto, las grandes epidemias de peste, cólera, viruela, influenza, disentería, tifus, encefalitis de los leñadores, difteria, sarampión, gripe y otras muchas enfermedades contagiosas coinciden curiosamente con los periodos de máxima actividad.

Ha nacido una nueva ciencia que se ocupa de estudiar estos nexos, de alguna manera misteriosos, llamada *Heliobiología*. Trabajando junto con los astrofísicos, los heliobiólogos han llegado muy lejos y desde muy temprano han sido capaces de pronosticar 9 epidemias de gripe que han afectado al planeta. De ellas se han producido 8. Uno de los hechos que más ha desconcertado a los investigadores es que las bacterias patógenas anticipan estos cambios en ellas entre 4 y 6 días antes de que tenga lugar la tormenta solar. Al parecer estos microorganismos son sensibles a algún tipo de proceso que tiene lugar en el Sol. Curiosamente los procesos que tienen lugar antes de las tormentas solares no ocurren en la superficie, sino en el interior del Sol.

700 palabras

Adaptado de http://amantesdeurania.podomatic.com

Pista 2. Tarea 5, p. 88

Debate científico sobre la biología actual: el darwinismo

Mujer: Deberíamos explicar la evolución de Darwin como una respuesta a la creencia que en su época existía de que todas las especies vivas, animales y plantas, habían sido creadas directamente como aparecían ante nuestros ojos, por el dedo de Dios, por decirlo así. Entonces Darwin se dio cuenta de que sí había un proceso natural que podía explicarlo, y era la variabilidad que tenían los seres vivos en diferentes generaciones: los padres se parecen a los hijos, pero no siempre son iguales. Y esas pequeñas variaciones, cuando en algún momento dado ofrecían alguna ventaja para la supervivencia de la reproducción en un medio ambiente concreto, favorecían la supervivencia llamada *diferencial* de estos individuos. Esta variabilidad favorable, estos caracteres heredados se hacían después dominantes en la población. Este efecto, llamado *selección natural,* va haciendo predominante este carácter y al final se supone que las poblaciones al cabo de mucho tiempo van cambiando su composición genética y también su estructura fenotípica.

Hombre: Perdona, llevo 15 años dedicado en exclusiva a intentar comprender el desbarajuste que hay en la biología dando mis clases de evolución. Empecé a investigar el darwinismo y me di cuenta de que tenía una enorme cantidad de fallos, y yo pensaba que quizás fueran fallos derivados de la antigüedad, ya que era un señor del siglo XIX que no era biólogo, sino teólogo. Y entonces me propuse buscar información y encontré cosas muy interesantes sobre teorías evolutivas previas a Darwin. Tengo la impresión de que a muchos biólogos, y a los que no lo son, personas cultas que leen libros al respecto, os han contado un cuento, habéis creado un personaje mítico y un origen de la teoría darwinista bastante deformada, y una de ellas es esa, que fue el primero que planteó la evolución como un fenómeno natural, independiente de explicaciones teológicas, pero de la evolución se tenía idea desde los griegos.

Mujer: Me parece insostenible hoy en día decir que Darwin no era un científico, ya que eso era lo habitual en el siglo XVIII y XIX. No sé si sabrás que, por ejemplo, el descubridor del oxígeno era un pastor presbiteriano.

Hombre: Sí, pero cien años antes de la teoría de las especies se estaba estudiando la evolución científicamente por científicos, no como Darwin, que era un aficionado, y la universidad, fundamentalmente la Sorbona, y Berlín, lo estudiaron como algo físico mediante experimentación. Por ejemplo, Buffon, Lamarck, que fue el primer científico que escribió una teoría completa sobre la evolución, Cuvier, con la teoría de los cataclismos, y muchos más que estaban estudiando la evolución científicamente en las universidades; cosa que yo he descubierto hace pocos años. Es decir, que nos han contado un cuento tártaro. Además el darwinismo no es una teoría científica, sino una ideología.

Mujer: El darwinismo es adaptacionismo más continuismo y eso es una cosa que hoy en día poca gente sostiene, excepto los muy radicales. Hay muchísimas razones para admitir, por ejemplo, el efecto de la biología en el desarrollo que me parece absolutamente aceptable y ha enriquecido la teoría de la evolución, pero no podemos ahora caricaturizarla. La teoría de la evolución es algo mucho más complicado. La selección natural va mucho más allá de la selección artificial en la cual se fijó Darwin, efectivamente, pero porque necesitaba algo sobre lo cual componer, lo que más tarde se ha visto que no es una causa, sino un efecto. Y eso yo lo subrayo mucho: la selección natural no es una causa, sino el efecto de esa supervivencia.

Hombre: Me pregunto cómo, con todos los avances científicos actuales, seguís dando crédito al darwinismo. Tuvo mucho éxito en el siglo XIX, en plena expansión colonial, porque él explicaba cómo los colonos, una especie más fuerte, había acabado con los que vivían en las zonas colonizadas. Creo que la selección natural justificaba la situación de entonces, pero su libro se basa en el estudio de animales domésticos y en los primeros capítulos habla de las orejas de las ovejas, de las ubres de las vacas, de que se apuntó a dos clubs de cría de palomas y de otras cosas patéticas. Y la teoría de la supervivencia del más apto le vino de Spencer, que 5 años antes, escribió un libro en el que decía que, en las sociedades, los más aptos se quedaban con todo.

Mujer: Decir que *El origen de las especies* no es un libro científico o que Darwin no era un científico me parece que es forzar demasiado las cosas, tanto como decir que Lamarck ya preveía en su momento que la composición genética se veía sometida a estrés, pues Lamarck no sabía nada de genética, como tampoco lo sabía Darwin. Perdona, pero creo que hay que situar a cada uno en su lugar histórico y comprender sus limitaciones.

799 palabras   *Adaptado de http://nuevamedicinahamer.blogcindario.com*

Pista 3. Tarea 6, p. 89

Rastrear el pasado por medio de la genética

Punset: Es maravilloso conversar contigo y para nuestros telespectadores será un auténtico privilegio escucharte. Has conseguido fama mundial gracias a tu investigación sobre los neandertales ¿*Qué hemos descubierto de ellos que no sabíamos antes?*

Doctora: Ante todo, hemos aprendido que tenemos un antecesor común. Tanto los neandertales como nosotros tuvimos un antepasado común hace unos 300 000 años. Luego, cuando los humanos modernos salieron de África, se encontraron con los neandertales y se cruzaron con ellos, tuvieron hijos, y esos hijos se incorporaron a la población de humanos modernos. Lo increíble es que encontramos esa contribución en todos los humanos modernos que viven en la actualidad fuera de África. Es decir, no solo en Europa y en Asia Occidental, donde estuvieron los neandertales, sino también en China, en los nativos americanos, en Papúa Nueva Guinea. La explicación que sugerimos para este fenómeno es que cuando los humanos modernos salieron de África se encontraron a los neandertales, suponemos que en Oriente Medio por primera vez. Hubo cierto cruzamiento, de modo que la contribución de los neandertales a nuestro ADN se transmitió a los humanos que luego se marcharon a China y a Papúa Nueva Guinea. Así, todas las personas que están fuera de África en la actualidad tienen alrededor de un 2,5% de proporción en su genoma del neandertal.

Punset: Entonces, ¿estás diciendo con eso que se produjeron relaciones sexuales entre los neandertales y los humanos modernos?

Doctora: Este tema se ha debatido mucho durante los últimos 20 o 30 años y ahora que hemos podido determinar la primera versión del genoma del neandertal, hemos podido abordar la pregunta directamente, analizando las personas de hoy en día y preguntándonos si tenían pedacitos de sus cromosomas, de su ADN, procedentes de los neandertales. Y la respuesta es que sí, los tenemos.

Punset: Y si sabemos algo ahora a ciencia cierta, como dices, ¿es gracias al genoma? ¿Habéis recuperado ADN?

Doctora: Hemos secuenciado el genoma del neandertal principalmente a partir de tres pequeñas piezas de hueso. Mira, tengo la copia de uno; lo encontraron en Croacia y pertenece a una mujer neandertal. Como ves, es un pedacito triturado muy pequeño, probablemente porque a esta persona se la comieron hace aproximadamente 38 000 años. No sabemos si eran caníbales, o si a esa persona se la comieron por un ritual.

Punset: Oye, ¿hay alguna posibilidad de clonar a un neandertal?

Doctora: Muchos me lo preguntan y la respuesta que siempre doy es *no*. Cuando recuperamos el ADN de esa época está degradado, químicamente modificado y no hay modo alguno, ni lo habrá en el futuro, en mi opinión, de construir todo el genoma. Y por supuesto, existe también un enorme problema ético: no se puede crear un ser humano pensante por pura curiosidad científica. Es algo que jamás se hará.

Punset: ¿Y qué pasa con los animales?

Doctora: Muchas personas se plantean volver a la vida a los mamuts, por ejemplo. Creo que cabe imaginar que en el futuro sepamos qué genes provocan que los animales sean peludos o estén adaptados al frío y se podría modificar una célula madre de elefante para crear un elefante de pelo largo y más adaptado al frío, pero no será un mamut real. Únicamente tendrá algunas características del mamut. Esto sí que es imaginable, en mi opinión, pero el ADN del mamut que encontramos en el suelo helado del permafrost está degradado en pequeñas piezas, por tanto la secuenciación de todo el genoma nunca será posible.

Punset: ¿Qué tipos de cambios genéticos crees que prevalecieron y permitieron que los hombres y las mujeres conquistaran el mundo?

Doctora: Una de las diferencias fundamentales entre los humanos modernos y todas las formas anteriores radica efectivamente en la colonización del mundo. Las demás formas arcaicas de humanos dejaron África hace 2 millones de años y durante todo el tiempo que existieron jamás llegaron a América, ni a Australia ni a Madagascar, mientras que los humanos modernos salieron de África permanentemente hace 50 000 años y colonizaron cada pequeño fragmento libre de tierra. En parte, tuvo que ver con la habilidad de construir barcos, pero creo que también hay otro elemento casi psicológico: ¿cuántas personas tuvieron que embarcarse por el océano Pacífico y desaparecer antes de encontrar la isla de Pascua?
Punset: Creo que afirmas que estamos a punto de detectar los cambios genéticos responsables del comportamiento.
Doctora: Tenemos la esperanza de descubrirlos…
Punset: ¿Quién domesticó al ser humano?
Doctora: La idea es que es un proceso cultural, una especie de *autodomesticación* en la que se habría seleccionado la conducta menos violenta dentro de un grupo para evitar problemas a la hora de criar a los niños en la próxima generación.
Punset: Muchas gracias por estas apasionantes explicaciones.

787 palabras

Adaptado de www.rtve.es

PRUEBA 2 — Comprensión auditiva y de lectura y expresión e interacción escritas

Pista 4. Tarea 1, p. 90   **Acento argentino**

Uso racional de medicamentos: salud y concientización

Entrevistador: ¿Cómo se usan los medicamentos? ¿Se usan bien? ¿Se usan mal? La pregunta que me hago en este momento no sé si vos te la estarás haciendo: ¿Hay un uso racional de los medicamentos? En todo caso, ¿qué es esto de un uso racional de los medicamentos? Para abordar este tema, aquí en *La ciencia en tu casa* hemos invitado a un integrante de un programa de extensión universitaria en el ámbito de la Universidad Nacional de San Luis, cuyo título es *El uso racional de los medicamentos*. ¿Qué es el uso racional? ¿En qué consiste?
Entrevistado: Bueno… el uso racional implica el poder consumir y prescribir, porque no es solo de parte del consumidor, sino también del prescriptor, de quien lo dispensa, en el caso del farmacéutico, ¿no es cierto? Que se haga en forma racional, es decir, de acuerdo a las dosis adecuadas, en el momento adecuado aunque el medicamento prescrito inclusive sea a un precio adecuado, tenga una buena relación costo-beneficio. Estas cosas hacen parte del uso racional del medicamento.
Entrevistador: ¿Cuál es el nivel de automedicación que ustedes pueden haber percibido?
Entrevistado: Es bastante elevado. Yo en este momento no recuerdo muy bien, pero creo que estamos cerca del 40% de automedicación en encuestas que hemos realizado en la ciudad de San Luis. Yo creo que es una falla a todos los niveles. El hecho que se permitan propagandas, por ejemplo en televisión, en radio, de medicamentos, para mí ya eso es una falla, porque estamos estimulando a la gente a que compre medicamentos y el medicamento no es un caramelo. Si me duele la cabeza, todo medicamento no actúa nada más sobre la cabeza, digamos, actúa sobre todo el organismo. Entonces de ahí provienen parte de sus efectos adversos, ¿sí? Entonces yo creo que la falla está en todos los niveles.
Entrevistador: Si bien lo ha dejado muy claro, en el caso, por ejemplo, de medicamento bajo receta, que directamente si no se la recetan, obviamente no se debería vender. Hay otro tema interesante que ustedes lo están trabajando muy bien, y es el medicamento de venta libre. ¿Qué es esto?
Entrevistado: Es aquel que se considera que, una vez que se ha consumido por el paciente, no implica muchos riesgos para él. Pero si bien no implica muchos riesgos, está entre comillas eso, porque solo si es bien usado no implica muchos riesgos. Por ejemplo, el paracetamol es de venta libre. Si uno lo consume de forma indiscriminada podemos terminar con problemas hepáticos muy graves y que nos pueden llevar a la muerte, a pesar de que es de venta libre. Hay una cuestión cultural, muy importante, que es no aceptar la vejez, no aceptar la muerte,

no aceptar la enfermedad, no aceptar el volverse calvo, el ser tímido… es decir, queremos una vida perfecta, y buscamos como solución el medicamento, y el medicamento no nos va a solucionar otro tipo de problemas y además nos puede producir tantas reacciones adversas que hay que sopesar eso y tener en cuenta que la vida es limitada, podemos vivir un poquito mejor, pero no con un medicamento: hay que tomarlos única y exclusivamente cuando son necesarios. Hay una cultura de la vida, digamos de la felicidad, a través de una pastilla o de una píldora, y no se logra la felicidad con una píldora.

Todas las personas a las cuales les estamos dirigiendo las acciones son a las personas que van a consumir el medicamento, o que van a administrarlo de alguna manera. Entonces, lo que queremos es promocionar el uso en esas personas. Es decir, no es tanto en medidas restrictivas, como decíamos recién, sino fundamentalmente educativas, en todos los niveles y eso creo que sería importante promocionarlo y contrarrestar un poco lo que la propaganda médica nos avasalla en forma constante. Esa es nuestra intención, digamos, tratar de contrarrestar eso y que la gente pueda tomar decisiones un poco más adecuadas frente a esto que se ha transformado en una mercancía y no en un bien social.

Entrevistador: Muchas gracias, muy amable. Hemos estado compartiendo en *La ciencia en tu casa,* esta charla sobre el uso racional de los medicamentos con todos ustedes.

701 palabras

Adaptado de http://lacienciaentucasa.unsl.edu.ar

EXAMEN 5

PRUEBA 1 Uso de la lengua, comprensión de lectura y comprensión auditiva

Pista 5. Tarea 4, p. 111   Acento argentino

La economía mundial

Hay cuatro maneras de crecer, lo que los economistas llamamos *la demanda agregada*: consumo, inversión, gasto público y exportación. En España, el 70% del crecimiento ha sido de consumo; por ejemplo, hay una empresa de *marketing* muy conocida que dice que los dos países más consumistas del mundo en los últimos diez años han sido Estados Unidos y España. O sea, que han consumido muy por encima de sus posibilidades. Que haya mucho consumo por un lado es bueno, ya que genera crecimiento económico y empleo, pero genera dos problemas. Primero inflación: si todo el mundo cobra el dinero y va a gastarlo, evidentemente los precios suben, y España tiene una inflación más alta que la europea y eso es un problema serio porque le resta competitividad tanto en el turismo como en la exportación. Y segundo el sector turístico. No se olviden de que España es el segundo destino turístico del mundo, después de Estados Unidos. Le siguen Francia e Italia y es un sector que hay que cuidar y habrá que cambiarlo un poquito.

¿Por qué venían antes los turistas? Buena relación precio-calidad. Pero ya ir a Túnez, a Egipto o a Marruecos es mucho más barato ahora. Y luego, la gente del sector está preocupada con el cambio del clima. Yo creo que con el cambio del clima se exagera mucho, pero algo de cierto hay; dicen los expertos que en 20 años ir a la playa en verano va a ser una tortura por el calor, con lo cual el tema del turismo hay que diversificarlo. Eso de la playa está bien, pero más turismo rural, más golf, más turismo cultural, gastronómico.

Empecemos a analizar el consumo en España, que depende de algunos factores:

El síndrome del nuevo rico: en la Comisión Europea llaman a España *deme dos*, que significa lo siguiente. En la época de Carlos Andrés Pérez, en Venezuela, cuando había dinero, los venezolanos iban a Miami con mucho dinero y pedían dos televisores, dos casas… y entonces los bautizaron *a mí deme dos*. Ahora en Bruselas, a los españoles les llaman así porque es un país que fue pobre por motivos históricos que todos conocemos y de repente ha sido el nuevo rico en los últimos 20 años y ya sabes que si sos el nuevo rico comprás dos Ferrari y vivís por encima de tus posibilidades.

No hay duda de que un tema importante es la política monetaria, el tipo de interés. En España, el tipo de interés más importante es el tipo básico fijado por el Banco Central Europeo que en este momento ha bajado. Esto se hace en Frankfurt y ahí tenemos un problema. Saben que en Alemania, antes de Hitler, hubo una inflación que llegó al 2 000% anual, tanto que los alemanes pedían dos cervezas porque si esperaban diez minutos, la segunda era más cara. Entonces los alemanes han quedado paranoicos por ese tema y han dicho: lo único importante de la política monetaria europea es la inflación y, por eso, el 70% de la decisión de mover los tipos es inflación y, por eso, el Banco Central Europeo no quiere bajar los tipos de interés.

La deslocalización industrial, o sea, la posibilidad de que empresas multinacionales radicadas en España se vayan a Polonia, Chequia, etc. Si ustedes fueran directivos de una empresa multinacional y les preguntaran cuáles son los elementos básicos para decidir la localización dirían: «Lo primero que yo miro son los impuestos y en particular los impuestos a las sociedades». Entonces los países del Este cuyo impuesto de sociedades es mucho más bajo producen temor, ya que muchas empresas se pueden ir allí. Lo segundo que mira un directivo de una multinacional para decidir la localización son los costes laborales: un ingeniero polaco gana la mitad de lo que gana un ingeniero español. También mira el grado de formación: los países del Este saben que tienen gente muy culta. Y luego los sindicatos: las multinacionales no quieren ir a países con sindicatos complicados y en Europa los países con sindicatos más conflictivos son Italia, Francia y Alemania. Y por último la logística: voy a poner la fábrica cerca de los centros de venta para minimizar los costes de transporte.

707 palabras   *Adaptado de www.youtube.com*

Pista 6. Tarea 5, p. 112

Debate sobre las rebajas

Hombre: Hace 40 años la media de compra de textiles era de tres veces al año y una muy importante cuando llegaban las rebajas. Ahora, prácticamente compramos como cuando vamos al supermercado. Se hacen de 17 a 20 compras al año porque la oferta comercial se ha ampliado, hay más promociones, y también por el deseo de los ciudadanos de ir cambiando, de ir a la moda con lo importante que es la imagen. También está relacionado con el clima, porque hace cambiar la manera de vestir. Todo esto ha hecho que hayan cambiado muchas cosas. Ahora tenemos las rebajas no solo como un elemento económico para dar salida a un producto perecedero, porque si es de invierno no podemos venderlo en verano, ya que la moda cambiará y al año que viene no se podrá vender en las mismas condiciones, sino también como una parte promocional. Y ahí es donde hay otra cosa que ha cambiado: hace 40 años no había una legislación que amparara a comerciantes y consumidores en que había que hacer una competencia leal en derechos y obligaciones, respetuosa con los derechos de los consumidores. Hace más de 25 años que tenemos, afortunadamente, una regulación comercial que está muy interiorizada, todo el mundo la conoce y permite que las rebajas se puedan desarrollar, en términos generales, de una manera correcta. Eso no quita que se produzcan infracciones, problemas, reclamaciones e incluso que haya especialmente grandes compañías que utilicen las rebajan en exceso, en el tema promocional, y fabriquen especialmente para las rebajas. Eso es un fraude y lo tiene que conocer el consumidor y valorarlo.

Hoy en día, tenemos un consumidor con un alto grado de desconfianza y todo aquello que no haya comprado con anterioridad, especialmente en diciembre, son compras que no se hacen y se dejan para las rebajas.

Y por otra parte, la ilusión: creo que detrás de todo esto están la ilusión y las emociones. Las rebajas permiten acceder a muchos productos que en otras condiciones no podrías adquirir por el precio. Y además, así puedes tener un mayor fondo de armario y puedes cambiar más, y esto cuenta tanto en jóvenes como en menos jóvenes. Antes, las rebajas se centraban en lo que era moda y ahora lo hacen prácticamente todos los sectores: textil-hogar, mobiliario, electrónica, electrodomésticos, agencias de viajes… con lo cual quiero decir que todo el mundo está intentando en el sector comercial aprovechar el *input* de la campaña de rebajas para no perder clientela.

Mujer: El fenómeno de las rebajas es algo que sucede cada año como una especie de símbolo. En enero tenemos rebajas, lotería, nuevas promesas que nos hacemos, formando parte de un imaginario colectivo. Sin embargo, lo que sí ha cambiado con el tiempo el es hábito del consumidor: cómo nos enfrentamos a estas rebajas, la situación económica y otras variables más.

La publicidad, como sabemos, influye mucho en el consumo, las rebajas es algo que sabemos que está ahí y que apenas necesita publicidad. De hecho, en el año pasado se invirtieron cerca de nueve millones de euros, en general, en publicidad por rebajas. Sí que es cierto que estaban invertidos por un gran anunciante que a todos nos suena. Yo creo que además del concepto *rebajas* estamos en un entorno en el que el concepto de compra también ha cambiado: estamos como nunca hablando de los *outlet*. Si hubieran hablado de los *outlet* hace unos años, nadie lo conocería, pues entonces eran tiendas de saldos. Hoy, tenemos centros comerciales que son 100% de *outlet* de marcas de muchísimo renombre que jamás pondrían el nombre *rebaja* porque probablemente eso les perjudicaría en su imagen. De alguna manera, los consumidores nos estamos acostumbrando a que todo, en general, debe ser más barato. Compramos un billete *low cost* que nos cuesta, por ejemplo, 60 euros y resulta que si lo compro por unos cuantos céntimos menos, aprovechando una oportunidad, los 60 €, que ya es un buen precio, parece caro. En el fondo, estamos un poco en esta cultura de la rebaja generalizada en el mercado del consumo. Yo creo que una gran parte del comportamiento en rebajas es muy compulsivo porque pienso que todos en algún momento hemos dicho: «No lo pensaba comprar, pero como estaba rebajado, estaba tan barato, no he podido resistir la tentación». Me da la impresión de que el consumidor ciertamente es muy inteligente y sabe cuándo le dan gato por liebre o cuándo le están engañando. Por lo tanto, además de lo que pueda decir la publicidad, creo que el consumidor sabe muy bien lo que quiere aunque en alguna ocasión se lo compre solo porque está barato.

778 palabras   Adaptado de www.rtve.es

Pista 7. Tarea 6, p. 113

El perfil del nuevo emigrante español

Entrevistadora: La tortilla se ha dado la vuelta y España ha pasado de ser un país receptor de emigrantes a enviar trabajadores, eso sí, cada vez más cualificados a otros países que ofrecen más oportunidades laborales. El número de españoles que ha decidido buscar trabajo fuera de nuestras fronteras se ha incrementado este año más de un 36% debido a la crisis. Según el Instituto Nacional de Estadística, de enero a septiembre hicieron las maletas más de 50 500 personas ante la falta de expectativas laborales, una cifra superior a la de los que han llegado a nuestro país en busca de trabajo. De ellos vamos a hablar ahora en radio 5 con José Babiano, doctor en Historia Contemporánea y coautor de *La patria en la maleta*, un libro sobre la emigración española a Europa. José, buenos días…

Entrevistado: Hola, muy buenos días…

Entrevistadora: ¿Cuál es el perfil del nuevo emigrante español?

Entrevistado: Creo que no hay un perfil único. Por una parte están los perfiles que salen en la prensa, de jóvenes cualificados, como demanda el mercado de trabajo alemán, un ingeniero, podríamos decir, y por otra, hay gente que sale del país, antiguos inmigrantes que llevan mucho tiempo residiendo en España y que han tomado la nacionalidad española, y que ahora, o reemigran a otro país europeo, o retornan ante la falta de expectativas, con lo cual, no hay un perfil único. Existen al menos estos dos que acabo de citar.

Entrevistadora: Viendo las cifras que ha facilitado el Instituto Nacional de Estadística, nos surge la pregunta de si estamos desperdiciando el potencial que hemos conseguido en los últimos años. ¿Estaríamos hablando, por utilizar esa expresión común cuando nos referíamos a otros países, de fuga de cerebros?

Entrevistado: Bueno, esto es evidente. De todas maneras, no es algo de ahora, de la crisis sino que existe desde hace algún tiempo, por ejemplo, médicos y personal sanitario se han ido a buscar empleo a Gran Bretaña, Portugal y Francia porque las condiciones de trabajo allí eran mejores que en España, al menos los salarios, y además los médicos españoles tienen una formación muy alta. Lo que pasa es que ahora se puede recrudecer. Cuando hay este tipo de emigración, hay una pérdida de capital humano y de capital social en general, eso parece evidente.

Entrevistadora: Estamos barajando las cifras que ha facilitado el INE y según esa estadística la tendencia a emigrar se mantendrá al menos hasta 2020. ¿Usted comparte esa estimación?

Entrevistado: Uff, 2020 son muchos años. Esto está hecho siguiendo unas proyecciones y no sabemos si hasta 2020 el mercado laboral español estará en la situación en la que está ahora. Como soy historiador y me dedico a predecir el pasado, no me aventuro con el futuro, pero en cualquier caso lo que sí me parece evidente es que estas escisiones entre país que emigra y el país de acogida, que decíamos hace 5 o 6 años, ahora son al revés, es que las migraciones es un fenómeno estructural. Como en cualquier país avanzado, no va a ser una cuestión coyuntural que en un momento determinado van a venir inmigrantes o en una coyuntura adversa van a salir españoles, sino que el hecho migratorio va a ser estructural. Es decir, que ahora va a haber gente de otra procedencia en nuestro suelo y también va a seguir habiendo españoles fuera del país.

Entrevistadora: Usted mencionaba Alemania. Se ha hablado mucho últimamente de ese país como destino principal de los trabajadores españoles, pero hay otros, ¿no? Reino Unido, Francia o Estados Unidos, aunque el auge de los últimos meses haya sido en Alemania.

Entrevistado: Pero Reino Unido también. Según un dato reciente en Reino Unido, el número de españoles que llegaron entre abril de 2010 y finales de marzo de 2011 se incrementó en un 12,6%. A Estados Unidos, no tengo las cifras, pero también está siendo un país de destino.

Entrevistadora: ¿Tradicionalmente la emigración ha llevado aparejada cambios sociales? ¿Las familias se fragmentan si las parejas tienen trabajo y optan por conservar el empleo?

Entrevistado: Cuando la emigración ha sido a largo plazo, con esto de la fragmentación que me pregunta, sí, pero cuando las migraciones han sido cortas o estacionales al finalizar la temporada, no ha habido escisión permanente de la familia. Cuando los planes migratorios se han transformado en el sentido de prolongar la estancia en el extranjero, al final ha habido reagrupamiento familiar, como no puede ser de otra manera. Y en general, todo el mundo viaja durante una época para acumular un capital y volver en mejores condiciones al país de origen o en el caso de la emigración a Estados Unidos, por ejemplo, para adquirir una mayor cualificación y después regresar. Pero muy a menudo estos planes se tuercen, las estancias se prolongan y, en el caso de que exista una familia previamente, hay reagrupamiento familiar.

Entrevistadora: Bueno, pues hemos querido hablar de esa estadística del INE con José Babiano. Gracias por atender la llamada.

Entrevistado: Gracias a vosotros, adiós.

838 palabras

Adaptado de www.rtve.es

PRUEBA 2 Comprensión auditiva y de lectura y expresión e interacción escritas

Pista 8. Tarea 1, p. 114

Qué hacer si recibes sms Premium y te sube la factura del teléfono

Entrevistador: Estamos hablando de los sms Premium, de algo que estoy seguro de que os ha ocurrido a muchos de vosotros. Sin que sepáis muy bien por qué, un buen día llega un mensaje de alguna empresa a la que se supone que tú le has solicitado ese servicio, pero tú no has hecho nada y la factura del móvil se dispara, y se sigue disparando y tú intentas poner fin a esa situación, y no hay forma. Algo así le ha ocurrido a una abogada asturiana que ha decidido dar un paso adelante y poner el asunto en manos de la Audiencia Nacional, nada menos. Esta abogada nos acompaña esta noche. Hola, buenas noches.

María: Hola, buenas noches. Gracias a vosotros porque entiendo que la difusión de estas denuncias en un medio de comunicación es fundamental para ponerle término.

Entrevistador: ¿Cómo empezó lo tuyo?

María: Yo recibo un mensaje en el móvil y lo abro: es un anuncio para que participe en un concurso o bien para que baje de Internet una serie de programas. No le doy importancia, y al final de mes, cuando me pasan la factura veo que pago 80 euros más. Miro el detalle de la factura y me pregunto qué es esto: mensajes de empresas raras, desconocidas, que facturan a 1,20 € el mensaje.

Entrevistador: No deja de ser irónico que a uno le envíen mensajes que no ha pedido y encima se los cobren.

María: Estamos hablando de que en España hay 44 millones de móviles y que como mínimo hay un millón de móviles afectados. A una media de 30 euros por factura y por mes por cada móvil, estamos hablando de 30 millones de euros por mes. Por cada mensaje que envían les supone un beneficio de millones y millones de euros.
Entrevistador: Y en tu caso, María, en primer lugar lo que imagino que intentas hacer es lo que haría cualquiera, hablar con su compañía y que acabe con el problema, pero no es tan fácil.
María: No es tan fácil. A mí me han llamado muchas personas diciendo que acudieron a la compañía, unas los envían a las asociaciones de consumidores, que eso no vale para nada; otras intentan suprimir o que no le lleguen más esos mensajes y continúan llegando. Pienso que la única opción que tenemos los estafados por este tipo de compañías es acudir, como es mi caso, a la Audiencia Nacional. Al cometerse el delito en todo el territorio nacional es de su competencia.
Entrevistador: ¿Conseguiste que en algún momento te dejaran de enviar esos sms?
María: No, hoy todavía, aunque han bajado, sigo recibiéndolos. De 7 a 12 por día, hoy solo he recibido 1.
Entrevistador: Ojo, estamos hablando de 8, 10, 12 euros por día que te va incrementando la factura. Y además no puedes hacer nada, porque los mensajes van llegando...Y se supone que tú te diste de alta en algún servicio en el que no te has dado de alta para nada.
María: Yo no me he dado de alta con conocimiento de causa en ningún tipo de servicio de estos. El código penal define la estafa como *producir engaño en una persona con ánimo de lucro* y aquí estamos hablando de un presunto delito de estafa. Bien, pero utilizan ganchos. En cualquier tipo de programa que uno vaya a ver en Internet siempre hay un cebo, un engaño y eso es lo que tiene que investigar la Audiencia Nacional.
Entrevistador: Es decir, yo puedo ver un anuncio en el que me digan: ¡Consigue la canción del verano! Solamente te va a costar no sé cuánto. Envío mi sms y no me fijo en la letra pequeña, ínfima, en la parte de abajo y que dice: «Enviando ese mensaje y solicitando la canción se da usted de alta en un servicio de sms Premium a cargo de la compañía tal»…Y a partir de ese momento es como si hubiera adquirido un compromiso para que esa empresa me envíe lo que quiera, cobrándome 1,20 € por cada mensaje.
María: Exacto, y no es uno capaz de darse de baja por muchos mensajes que se envíen, porque es un ordenador. Y eso es lo que tiene que investigar la Audiencia Nacional.
Entrevistador: Te agradezco mucho que nos hayas contado este problema que afecta a tantísima gente y a ver qué hace ahora la Audiencia Nacional, si es que hace algo…
María: Aquí lo importante sería que el estafado, en lugar de limitarse a ir y venir a asociaciones de consumidores, envíe un escrito muy sencillo, a la Audiencia Nacional, exponiendo los hechos por si pueden ser constitutivos de delito. Nada más que eso.
Entrevistador: ¡Pues ojalá! Muchísimas gracias y mucha suerte en esta pelea en la que estamos muchos.
María: Muchas gracias a vosotros.

799 palabras   *Adaptado de www.ivoox.com*

EXAMEN 6

PRUEBA 1 Uso de la lengua, comprensión de lectura y comprensión auditiva

Pista 9. Tarea 4, p. 138

El lince, símbolo de la lucha por la biodiversidad.
Miguel Delibes de Castro es miembro de la Estación Biológica de Doñana

El problema principal del lince es el de la libertad, porque la cautividad es un poco una especie de bote salvavidas (1), alguna vez lo hemos llamado *la UCI de los linces*. Pero no tiene sentido pasarte toda la vida en la UCI, sino que es una cosa para estar un ratito y salir. Entonces, el objetivo es conservar las poblaciones de fuera, las del campo, y estas sufren varias adversidades. Primero son muy pequeñas y muy consanguíneas (2). Luego, en los sitios donde tienden a vivir, tienen poco alimento, pocos conejos; necesitan áreas extensas para que haya población suficiente como para ser viables biológicamente (6). Son bastante torpes, y aunque yo admire mucho a los linces, para enfrentarse a los peligros son torpes (7) y por ejemplo se dejan atropellar con mucha facilidad. Son un poco chulos, y como tienen pocos enemigos en el campo pues no se fijan, y cruzan la carretera (3) sin considerar si hay o no hay tráfico.

En cuanto al área donde viven creo que, por ejemplo, Doñana ahora es menos salvaje que hace 30 o 40 años (8), que es cuando yo llegué aquí, e inevitablemente cada vez parece más un área manejada artificialmente porque la presión (5) del exterior es más grande, con lo cual el artificio de las vallas y de las leyes crece, pero dicho eso, es casi un milagro que se haya conservado un lugar así de salvaje en el siglo XXI (4). Los problemas más grandes vienen de que no es impermeable a lo que se hace fuera (9), en parte por las carreteras, como decíamos en el caso de los linces, pero otros son los cultivos, por ejemplo, la contaminación potencial de los acuíferos con el nitrógeno y derivados de los fertilizantes y con pesticidas que se están usando en algunas ocasiones ilegalmente, que se traen de fuera (10). Todo esto no se hace en Doñana, sino fuera, pero repercute en Doñana. Un valor de este parque que cada vez nos parece más importante es la propia costa y el mar, porque también ahí hay que extremar la vigilancia y hay prácticas de pesca demasiado cerca, en la zona de protección que se podrían suavizar o eliminar. En conclusión, la presión sobre Doñana es grande, pero yo tiendo a decir que tenemos que acostumbrarnos a vivir con ella.

Me incomoda mucho presumir tanto, pero realmente creo que Doñana ha sido una punta de lanza de la conservación de la biodiversidad (11) y de su concienciación en España y en todo el mundo, incluso por encima de lo que le correspondería. Es un poco un David en la lucha por la biodiversidad, contra un Goliat mucho más grande. El primer director y fundador, que fue José Antonio Valverde, biólogo vallisoletano, decidió, contra el criterio entonces de los jóvenes airados, que éramos algunos, como yo, que era más importante la publicidad en los medios, radio, revistas ilustradas, documentales, que la investigación. A nosotros nos parecía un sacrilegio, pero lo cierto es que Valverde tenía razón y Doñana, como marca de biodiversidad y marca de conservación, es conocida en todo el mundo.

La desaparición del lince sería grave por varios motivos: el lince tiene un papel importante en los ecosistemas; muchos cazadores se quejan, por ejemplo, de que hay demasiados zorros o demasiados meloncillos[1], que es una mangosta[2] que se come las perdices y los conejos y hay muchos porque hay muy pocos linces. Donde hay muchos linces, estos evitan que crezcan las poblaciones de otros animales. Por otro lado, el lince es un emblema, una bandera de la naturaleza. A la sociedad, es difícil convencerla de conservar la naturaleza usando como modelo los escarabajos, aunque haya muchos más y tengan muchas más funciones que el lince. Sin embargo, tenemos más empatía con los linces porque nos parecen más bonitos, es como un emblema (12) y lo adoptamos con mejor disposición.

Si haciendo todos esos esfuerzos no conseguimos conservarlo sería una indicación de que mal vamos en la conservación de la naturaleza en general. Es decir, el lince solo no es importante. Lo importante es el conjunto de la naturaleza, pero él es un indicador y una bandera del conjunto de la naturaleza.

690 palabras

Adaptado de www.ivoox.com

---

[1] Meloncillo: Es un pequeño mamífero carnívoro. Es la única especie europea de su familia, presuntamente introducida por los árabes en la península ibérica, pues las llevaban de mascotas y para protegerse de las serpientes.

[2] Mangosta: La mangosta es un animal parecido a los hurones. Es el único capaz de comerse las serpientes y su veneno no le afecta. Es parecido a los suricatos del África en tamaño y peso.

Pista 10. Tarea 5, p. 140

El jamón

Hombre: En España el jamón está en todas las casas, pero la asignatura que tenemos pendiente es la conquista de los mercados exteriores.

Entre el jamón serrano y el ibérico existe diferencia, por supuesto, por parte de la genética y por parte de la alimentación (1). El jamón ibérico tiene mucho tocino y por eso le da ese sabor especial al magro que queda

(2). Aparte de eso, la *montanera*[1] y la bellota reportan una característica especial, además del ejercicio físico que hace **(13)**.

El jamón de Teruel, que es de cerdo blanco cruzado con el verraco[2], de color negro también, aunque no es ibérico, creemos que es un jamón muy digno por el veteado que aporta el cerdo negro **(3)**. Lo que intentamos, aparte de la genética, es que la alimentación reúna las mejores condiciones de calidad para que el producto final sea resultado de esa genética y de la alimentación, más el buen hacer en el secadero, pues debe ser curado lentamente, con tiempo y sin forzarlo. El 50% de la genética del jamón ibérico es cruzado de hembra ibérica y macho duro o verraco, o sea, el 50% de la genética de los ibéricos de cebo tiene la misma que el jamón de Teruel.

A veces, hay relación precio calidad, pero puede haber un jamón a un precio asequible que también sea de muy buena calidad **(4)**. Comparándolo con los vinos, todos los días uno no se bebe un gran reserva, pero sí un rioja bueno normal. Así que un buen jamón de cerdo blanco, bien elaborado, puede ser tan competitivo como un jamón de bellota, que es más para una tapa en el bar o restaurante, o para ocasiones determinadas. Tradicionalmente, en España se tenía un jamón entero en casa, pero el problema que hay actualmente, bajo mi punto de vista, es que cada día las unidades familiares son más pequeñas y se come mucho fuera por motivos laborales, con lo cual, si tienes un jamón en casa, se va a poner seco. Hoy, está la opción del loncheado en la charcutería, que te lo cortan con máquina o loncheado a mano.

Mujer: Tanto para los guisos tradicionales de la cocina española, como para los desayunos, bocadillos, etc., es algo que está presente a todos los niveles y que valoramos, no solo aquí en España, sino también en los mercados exteriores **(5)**.

El cerdo ibérico es una raza totalmente distinta, autóctona de la península ibérica **(12)**, y en el caso de estos jamones que nos ocupan y que hemos traído, es ibérico de bellota, ibérico puro 100% que por el hecho de esa genética tiene una calidad superior y con su vida en el campo, ese ejercicio y esa dieta a base de bellotas tiene ese grado extra de calidad **(6)**.

Según la alimentación del cerdo se distinguen diferentes calidades **(7)**: primero, tendríamos el *cebo* **(8)**, un cerdo que ha sido estabulado intensivamente y solo se ha alimentado de pienso. Luego, tendríamos un *cebo de campo* **(14)**, que es un cerdo que ha estado en el campo, pero se ha alimentado con pienso, con lo cual es un poco mejor que el anterior. Después, tendríamos el *recebo*, que ha estado suelto en el campo comiendo bastante bellota, pero como no había suficiente ese año, o había más cerdos de los que se podían alimentar, se le ha rematado o suplementado con pienso **(9)** para alcanzar el peso adecuado. Y por último, tendríamos el *producto de bellota* que es el cerdo que en la época que dura la montanera, que no es durante toda la vida, sino en la última fase de vida del animal, cuando hay bellota en el campo, se alimenta de ellas exclusivamente **(15)**.

Por otra parte, se habla de *reserva* o *bodega* dependiendo del tiempo de curación **(10)**. Hay determinados jamones escogidos desde el principio, con unas características especiales, que exigen una curación más larga y a esos se les llama *gran reserva*.

El *marketing* puede fijar el precio del jamón, pero también hay unas denominaciones de origen y unos certificados de calidad que avalan el que puedas pedir un precio superior. Tengamos en cuenta que, hablemos de jamón blanco o ibérico, son productos que se han elaborado con una maduración de mínimo dos años, luego no es fácil de hacer y la calidad hay que pagarla, pero es verdad que todos los jamones son buenos y no siempre te apetece el mismo tipo de jamón.

Una vez que el producto está perfecto para consumir tiene un tiempo de duración hasta que *caduca*, entre comillas, porque no caduca, sino que simplemente se vuelve más seco **(11)**.

758 palabras   *Adaptado de www.rtve.es*

---

[1] Montanera: Pasto de bellota o hayuco que el ganado de cerdo tiene en los montes o dehesas.
[2] Verraco: Cerdo padre.

Pista 11. Tarea 6, p. 142   Acento argentino

Un exalbañil argentino clasificado para los Juegos Olímpicos de Londres

Entrevistador: ¡Miguel, gusto en saludarte! Recién llegaste de Holanda **(1)**, tengo entendido… ¿Puede ser?
Miguel: Sí, recién acabo de llegar. Ustedes me llamaron cuando estaba en el aeropuerto y muy contento, la verdad.
Entrevistador: Vas a escuchar una grabación que hicimos esta tarde de una persona que te conoce y mucho. Se llama Ariel, es tu papá y esto nos contó esta tarde. Escuchá.
Padre: Es soltero, tiene 28 años y se dedica a correr nada más **(3)**. O sea, que su sueño por el momento era esto, las Olimpiadas, poder representar a la Argentina en unas Olimpiadas que ayer se concretó. Por eso, para nosotros esto es muy especial, y para él no tenés idea de la emoción terrible que tenía cuando lo llamaron… ¡Terrible! Estaba refeliz, agradecido a Alicante, donde lo recibieron, donde le dan toda la atención que él necesita sabiendo de antes que está muy lejos de su familia.
Entrevistador: ¿Y no extraña la profesión de albañil, de la que usted dice que se ha criado haciendo eso?
Padre: ¡No, no, no, por favor! Ya basta con eso **(2)**. Mejor que haga esto, que es lo que ahora él ama y qué generosidad. ¿No es cierto? Poder hacer lo que él quiere y que pueda vivir de eso. Aquí, en este país, ¿quién puede vivir del atletismo? **(5)**
Entrevistador: Miguel, ese era tu papá, que nos contaba algo de tu historia. ¿Qué te parece?
Miguel: La verdad es que da gusto escuchar a mi papá hablando tan bien de uno **(4)**, porque la verdad es que estoy muy orgulloso de haber conseguido clasificarme, era un sueño de toda la familia, más que nada porque ellos también son atletas. La verdad es que me emociona mucho oírlo.
Entrevistador: ¿Y cómo es la historia de que eras albañil y ahora sos atleta y te clasificaste en un juego olímpico?
Miguel: Bueno, la verdad es que mi vida fue siempre ser atleta, pero trabajé toda la vida. Solamente hice la primaria y a los 13 o 14 años ya estaba trabajando en la construcción **(7)**. Mi padre era albañil, es albañil todavía y mis hermanos también. Somos cinco hermanos varones y todos están en la misma profesión, trabajar de albañil, y yo no podía escaparme **(8)**, ni tampoco debía, así que trabajé toda la vida. Empecé haciendo un poco de fútbol **(9)**, luego, me pasé al atletismo y al final, me gustó el atletismo y mi papá que era atleta **(6)** me fue apoyando, siempre me fue hablando bien del atletismo y demás, y bueno, yo ya estaba en el Club Sudamericano y seguí corriendo **(11)**. La verdad es que no me arrepiento de nada **(10)**, seguí trabajando siempre de albañil y fue así, poquito a poco saliendo y, bueno, ahora la verdad es que estoy muy contento.
Entrevistador: Miguel, ¿y cómo apareciste en Alicante, en España, corriendo para este club y terminando duodécimo, con un tiempo que es muy bueno y clasificándote en un juego olímpico? ¿Cómo fueron los hechos?
Miguel: (12) Fue que justo se dio la época que estaba muy mal de trabajo con el tema de la crisis y todo esto, del paro y muchos problemas económicos y trabajando de albañil la verdad es que no, no me rendía nada, así que siempre cuando salía a correr me tenía que pagar todos los gastos yo, y bueno, ya hasta se me ponía complicado competir en Argentina **(15)**. Entonces con un buen amigo mío nos vinimos para España; se vino él primero **(13)** porque no teníamos dinero para pagar dos pasajes, juntamos dinero entre cuatro amigos y nos quedamos sin nada, pero lo juntamos y después él me mandó el pasaje para que me viniera para acá **(14)**, pero me vine solamente a trabajar **(16)**, y entonces dio la casualidad de que cayó en Alicante y acá me conseguí un club. Llevaba dos meses sin correr porque lo había dejado por algunos problemas. Llegué acá y el primer día tuve un club. No sabía lo que era un entrenador o muchas otras cosas y la verdad es que el ambiente acá, en España, era gente que me acogió muy bien **(18)**, que me ha brindado mucho. Y empecé a entrenar otra vez con este entrenador y la verdad es que estoy muy contento porque llegar a esto es trabajo de mucho fondo, pero finalmente salió el fruto.
Entrevistador: Algunas crónicas hablan de que por ahí en alguna competencia en tus comienzos te costaba tener los elementos mínimos indispensables para competir, por ejemplo, las zapatillas. ¿Tuviste problemas económicos?
Miguel: La verdad es que yo siempre trabajé de albañil y nunca me hizo falta ni la ropa ni dinero para viajar, pero claro, yo estoy trabajando desde los 13 años porque nunca me gustó pedirle nada a nadie ni tener que deberle nada a nadie tampoco **(17)**. Lo cierto es que yo nunca pido el apoyo de nadie, entonces me lo pago todo

yo y gracias a que nunca nos faltó trabajo, pero mi dedicación al atletismo de verdad solo lo pude hacer acá, en España.

Entrevistador: Miguel, felicitaciones por el esfuerzo, por el sacrificio, por las ganas, por la voluntad y seguí entrenando. Quién te dice por ahí hacés historia en la maratón, que tiene que ver mucho con el deporte olímpico en la Argentina desde los comienzos, así que quién te dice por ahí que vos también quedás en algún lugar de la historia.

Miguel: Ojalá que sea así. Por lo pronto, gané una plaza en las olimpiadas y bueno, ¡a disfrutarlo!

Entrevistador: Diste el primer paso. ¡Felicitaciones!

908 palabras

Adaptado de www.cadena3.com

PRUEBA 2 Comprensión auditiva y de lectura y expresión e interacción escritas

Pista 12. Tarea 1, p. 145

Ruido de fondo

Mujer: Percibir ruido en exceso puede ser dañino para los oídos y afecta a funciones vitales como el sueño. Para poder parar esta amenaza contra la salud la directiva europea exhorta a los municipios de más de 100 000 habitantes a aprobar un mapa de ruido antes de junio de este año. Se trata de diagnosticar los puntos negros. Veremos cómo en Valladolid, por ejemplo, ya se han puesto las pilas. Y más vale que nos las pongamos todos en este tema. No en vano España es el país más ruidoso, después de Japón.

Forma parte de nuestra cultura el juntarse en la calle, cantar y gritar y cuanto más fuerte, mejor. Pero lo que es alegría colectiva para unos, genera, en otros, momentos de desesperación e insomnio. Muchos son los que se quejan del ruido, ya sea de la música alta, del tráfico o de las obras. Además, estos sonidos nos afectan de manera desigual: a mí, por ejemplo, me molestan las frecuencias agudas y parece que esto no es ninguna tontería, dado que, según los expertos, la sociedad está perdiendo audición. Para curarme en salud nada mejor que visitar a un otorrinolaringólogo especializado en contaminación acústica.

Médico: Vamos a ver tus oídos, si te parece, para ver si está afectado el tímpano, que es una membrana que tenemos todos, y que, conectada a unos huesecillos, hace de caja de resonancia y transmisión auditiva. Con un ruido fuerte, como una explosión o un petardo, puede llegar a romperse, y si la exposición es de contaminación acústica lo que hace es afectar más al oído interno.

Mujer: El doctor necesita todavía más datos sobre mi oído, por eso decide realizar una sencilla audiometría en la que verá hasta qué frecuencias llega mi oído: aunque flojo, oigo el tono de los 35 decibelios; los 70 llegan incluso a hacerme daño lo que vendría a ser el nivel de un camión pasando por tu lado. El resultado es positivo y el doctor dice que estoy dentro de la normalidad.

Médico: Cada vez son más los pacientes que vienen al Instituto Dexeus con problemas de audición, sobre todo en personas jóvenes que están sometidas a un ruido ambiente, especialmente de diversión, como iPod, MP3, discotecas, el cine... El ruido sonoro de una gran ciudad, en máximo apogeo, está en torno a los 100 dB; por ejemplo, cuando hay obras, con un martillo neumático, está en torno a los 140. Piensa que nosotros, los otorrinos, siempre aconsejamos intensidades sonoras en torno a un máximo de 75/80 dB. Lo que es un ambiente ruidoso, sonoro agradable, estaría en torno a 30/40, con lo cual, puedes entender que las grandes ciudades pueden estresar y molestar los oídos. La lesión que provoca la exposición al ambiente sonoro y a la contaminación acústica es una lesión irreversible, una vez producida no hay manera de solucionarla.

Mujer: Mis oídos han pasado el examen, pero los que no soportan más el ruido son los vecinos de este barrio del centro histórico de Madrid. Ahí, como en muchas otras ciudades españolas, las calles rebosan animación y los bares son la columna vertebral de las relaciones sociales. Incluso paseándonos en un día laborable podemos encontrar un ambiente que te invita a unirte a la fiesta. Sin embargo, son muchos los vecinos que reprueban esta situación.

Nos acercamos con la policía a un domicilio denunciado por exceso de ruido. Mientras nos acercamos, un montón de personas toma las calles, indicándonos que, irremediablemente, empieza el fin de semana. Los agentes han localizado el lugar denunciado por el ruido de la fiesta. Suben sigilosos a la casa de al lado para que no se enteren de su llegada. Allí, toman una medición del ruido del vecino molesto. El sonómetro da positivo, pero antes de ir a hablar con los de la fiesta, los agentes toman más mediciones para confirmar sus datos y después les comunican la infracción administrativa. Se les pide que dejen de hacer ruido para hacer la medición desde el mismo lugar de antes para comprobar la diferencia de dB.

Lo que está claro es que sea cual sea la fuente generadora del ruido, por la noche es el momento en el que nos provoca más trastornos. Se ha comprobado que dormir es como bajar los peldaños de una escalera: primero tenemos el sueño superficial, después el sueño profundo, que es donde descansamos físicamente, y después el sueño REM, que es donde se descansa intelectualmente. Mientras dormimos, tenemos 5 o 6 microdespertares que no recordamos al día siguiente y cuando dormimos en una ciudad, aumentan más de un 20%. Eso significa que en una noche se pasa mucho tiempo en sueño superficial. Por eso, cuando se levanta esa persona, tiene la sensación de haber dormido como cada día, pero no se siente descansada, así que aunque no nos demos cuenta, la contaminación acústica nos afecta y las consecuencias pueden ir desde la fatiga crónica hasta la ansiedad o la depresión.

827 palabras

Adaptado de www.rtve.es

SOLUCIONES JUSTIFICADAS

Nota: La duración de la Prueba 1 es de 105 minutos en vez de 90:
- 60 minutos para las Tareas 1, 2 y 3 (Comprensión de lectura)
- 45 minutos para las Tareas 4, 5 y 6 (Comprensión auditiva)

EXAMEN 1   CD I

Prueba 1. Uso de la lengua, comprensión de lectura y auditiva

Tarea 1: Completar los huecos. *Azares del oficio (Antonio Muñoz Molina),* p. 8
1-B: Me asombraba y me <u>halagaba</u> (agradaba) una modesta notoriedad (fama) local […]. Por el contexto es incompatible *hastiaba (*disgustaba*) y agasajaba,* término que implica un trato expresivo y cariñoso, idea que no aparece en el texto. **2-A:** […] y eso me animaba a escribir más, a <u>tantear</u> (considerar detenidamente) de nuevo la posibilidad de una novela… No puede ser *cavilar* porque se construye con *en* o *sobre*, ni *indagar* que significa 'averiguar algo con preguntas', matiz que no está presente en el texto. **3-A:** […] el poco o mucho talento […] no es nada sin ciertos <u>azares</u> (casualidades, hechos fortuitos) decisivos... El término *sino* (destino, hado) y *riesgo* (contingencia o proximidad de daño) suelen usarse con un significado negativo, lo que es inadecuado en este contexto. **4-B:** …detrás de la mayor parte de los cuales hay al menos un <u>acto</u> (concentración del ánimo en un sentimiento o disposición) <u>de</u> <u>generosidad</u>. En esta acepción se trata de una combinación fija, por este motivo quedan excluidas las otras dos opciones: *hecho* y *ademán*. **5-B:** El pintor Juan Vida me diseñó gratis la <u>portada</u>... Es el término específico que recibe la cubierta o primera página de un libro, la que suele ser objeto de diseño. Por ello, se desestiman *cobertura* y *encuadernación*. **6-C:** …y me asesoró en el mundo <u>recóndito</u> (escondido, oculto) de las imprentas locales. *Turbio* tiene el significado de 'confuso, poco claro y deshonesto' y *desatinado*, 'sin tino, sin juicio, sin cordura'. No son apropiados en este contexto. **7-A:** […] y hasta un conocido se ofreció a llevar los <u>ejemplares</u> (escritos sacados de un mismo original) de cinco en cinco por las librerías […]. Es el término específico y apropiado en esta frase. Por este motivo se excluyen *escritos*, término demasiado general, y *tomo*, que lleva implícita la idea de ser una parte de una obra impresa. **8-C:** Tener un libro con mi nombre en la primera página era algo y no era nada. Verlo en el <u>escaparate</u> (espacio exterior de una tienda con cristales para exponer mercancías) de la librería de un amigo. *Mirador* (lugar desde donde se mira) y *umbral* (parte inferior en una puerta o entrada) no son términos adecuados. **9-C:** […] o en un <u>anaquel</u> (estante) de una papelería en la que los cinco ejemplares… *Alféizar* (borde de ventana) y *aparador* (mueble para el servicio de la mesa) no son términos apropiados en este contexto. **10-B:** …cada vez que yo entraba a comprar unos <u>folios</u> (hojas de papel). Se descartan *pliegos,* que son piezas de papel dobladas, término cuyo uso está restringido al mundo de la imprenta, y *legajo* que es un conjunto de papeles que tratan de una misma materia. **11-A:** …o simplemente a mirar de <u>soslayo</u> (de lado, oblicuamente) a ver si faltaba algún ejemplar. Solo esta locución adverbial expresa la idea de mirar disimuladamente o de forma no directa, que es lo conveniente en este contexto. *De un tirón* (de una vez, de golpe), *de hito en hito* (fijamente) no encajan. **12-A:** Vivía en la <u>congoja</u> (angustia, aflicción) de invisibilidad del aspirante a escritor… El autor estaba afligido por sentirse invisible como escritor. Los términos *condolencia* (participar en el dolor ajeno) y *osadía* (atrevimiento) no reflejan ese sentimiento que el autor quiere expresar.

Tarea 2: Insertar los fragmentos que faltan en un texto. *La filosofía de la innovación (Steve Jobs),* p. 10
13-D: Las ideas del párrafo separado: «Su intervención en la Universidad… manual filosófico…» están relacionadas con las del anterior: «**sus discursos, concisos y <u>llenos de sabiduría</u>**» y con las del siguiente: «**Tu tiempo es limitado, no lo malgastes…**». **14-G:** Los conceptos del fragmento extraído: «Antes ya había dejado claro que <u>el dinero no era parte de su felicidad</u>» se corresponden con los del anterior: «**todo eso desaparece (…) dejando solo <u>lo verdaderamente importante</u>...**». **15-E:** La clave está en los dos puntos del texto separado que preceden a la cita literal:… «lo que existía estaba a punto de desaparecer». «**El mercado…**». **16-F:** En el mismo párrafo se dice: «**la**

innovación es lo que distingue a un líder…», idea que aparece en el texto extraído: «…van a desear algo nuevo».
17-A: El tema del que habla en el texto separado es el diseño: «Para mí, nada es más importante en el futuro que el diseño...», el mismo con el que continúa el texto: «…la estética, la calidad, tienen que ser llevadas hasta el final».
18-B: Las palabras: «Lo que ha conseguido […] es hacer una muesca en el universo…» guardan una relación de significado con las del párrafo siguiente: «Una ambición que pudo…».
No se elige el fragmento C.

Tarea 3: Relacionar seis textos y ocho enunciados. *Reflexiones sobre la publicidad,* p. 12
19-C: …una obra, bien documentada (ha reunido a lo largo de los años abundante información), **que es pionera** (aún no se había publicado un ensayo) e **innovadora** (con armas literarias) **en la forma de acercarse a la publicidad. 20-F:** …se anima a los publicitarios a encontrar una voz propia (no se puede analizar o persuadir una sociedad desde la perspectiva de otra) **libre de influencias ajenas** (se hace urgente que los publicistas latinos pensemos en castellano). **21-A:** …**el autor ha interrogado** (entrevistas realizadas) **a insignes** (a nombres legendarios) **publicitarios** (en el sector). **22-C:** …**analiza el hecho publicitario** (un ensayo que abordara el fenómeno publicitario) **de una forma aguda** (inteligente) **y desenvuelta** (desenfadada). **23-B:** …**un sugerente recorrido** (nos invita a un periplo fascinante) **sobre un fenómeno publicitario** (la irritación… contra las grandes marcas) **a través del cual se muestran y se denuncian** (ciertos talleres… en los que el trabajo se convierte en degradación) **los excesos de la economía de mercado** (desenmascara a la llamada «nueva economía»). **24-E:** …**un libro que es un compendio** (un resumen) **de la diversidad y variedad de elementos** (envase, diseño, posicionamiento, precio, distribución, red de ventas) **que conforman la publicidad. 25-D:** …**un libro que ofrece una nueva perspectiva** (recurre a las herramientas de las teorías cinematográficas) **de análisis e interpretación** (y las utiliza para entender el espacio arquitectónico) **de una disciplina ajena** (a través del filtro de los medios de comunicación de masas) **a los medios de comunicación. 26-A:** …**la obra… ofrece algunos indicios** (aventura buenas pistas) **sobre el porvenir de la publicidad** (sobre su evolución en el futuro).

Tarea 4: Extraer las cinco frases que resumen un texto auditivo. *Manipulación y medios de comunicación (Felipe López-Aranguren),* p. 15
27-A: Los encabezamientos de los artículos nos ayudan a estudiar las noticias.
Cuando nosotros nos encontramos con un periódico, nos encontramos con una serie de elementos que son importantes a la hora de analizar cada una de las noticias. Por ejemplo: ¿qué fuentes tiene la noticia?, ¿qué titulares tiene? […]. **28-E:** El conferenciante opina que los medios de comunicación funcionan como una empresa, y que el periodista no trabaja para la gente, sino para el negocio. Tú, ten en cuenta que el periodista trabaja para la empresa, no para el público […]. **29-F:** El lenguaje periodístico está lleno de eufemismos y dobles significados. Hay otra cosa que me interesa mucho también: el doble lenguaje que se está empezando a utilizar y que se lleva utilizando ya desde hace mucho tiempo; cómo cambiamos el lenguaje […] «han matado a unos soldados nuestros, no importa: daños colaterales». **30-J:** El conferenciante opina que no siempre la noticia tiene impacto sobre nosotros, pero sí su insistente repetición. […] sino que eso lo hemos visto 300 veces repetido en televisión, y eso es un machaqueo continuo sobre la neurona, por lo tanto yo estoy utilizando una maximización de lo que ha ocurrido allí […]. **31-L:** Los comunicadores consiguen interpretar las noticias de forma que importa más el espectáculo que la información. Los medios convierten de esta manera la política en una representación teatral donde […] tienen que manipular de alguna manera la escena teatral que se les presenta […].

- **Las frases siguientes no resumen el texto:**
B: Entre el 80 y el 85% de las informaciones están controladas por los imperios mediáticos. En el texto se dice que: «entre los imperios mediáticos […] y las agencias controlan aproximadamente entre el 80 y el 85% de las noticias que se producen en el mundo». **C:** La ideología de la gente está manipulada por las agencias de información que, a su vez, lo están por los imperios mediáticos. En el texto escuchamos: «[…] Porque a

través de ellos (los poderes) se transmite la ideología, las ideas de la gente», no que la ideología de la gente esté manipulada por ellos. **D:** Si una noticia no aparece en los medios de comunicación, es como si no existiera. Por lo tanto, si yo controlo los medios de comunicación y no te doy la voz a ti, evidentemente no sabe nadie que existes, y como nadie sabe que existes, tus ideas no llegan, y como tus ideas no llegan, tú no estás. **G:** Los ciudadanos estamos permanentemente controlados por los medios de comunicación. Por otra parte, los controles que se establecen sobre los ciudadanos son cada vez mayores; en aeropuertos: preguntas, datos de pasajeros, escáneres que desnudan[…]. **H:** El monopolio del discurso es una forma de control que influye sobre la estructura social y económica. En este sistema opresivo del ciudadano que va desde la estructura social hasta la estructura económica, desde ahí, hasta la vigilancia estricta de cada uno de nosotros, entra la cuestión del monopolio del discurso. **I:** El efecto retórico de las palabras maximiza el impacto de la noticia. Las técnicas modernas permiten de alguna manera maximizar el efecto retórico de las palabras y los gestos de los políticos multiplican su efecto y su impacto… **K:** Lo importante en una noticia es la razón, no su difusión teatral. […] porque lo importante no es la razón; lo importante es que se le mandó callar.

♪2 ♪ Tarea 5: Seleccionar las ideas expresadas por un hombre, una mujer o ninguno en un texto auditivo. ¿Qué televisión merecemos?, p. 16

32-H: Los elementos cuantitativos son los que mueven el tipo de televisión que tenemos. Nos regimos por criterios numéricos […]. **33-N:** El eterno debate es que no se hace responsable a la audiencia de lo que ve en la televisión. ...este es el eterno debate: hacer al espectador responsable de lo que ve. **34-H:** La televisión actual tiene muchos canales donde elegir, pero poca pluralidad. Pues a mí me gusta decir que la televisión en España es muy rica, porque uno puede ver el canal de historia, puede ver lo que quiera. Pero «plural» es otra cosa […]. **35-M:** No todo el mundo se comporta igual ante los estímulos televisivos, pues depende de su formación y capacidad crítica. […] es mentira que todo el mundo tenga la misma capacidad de formación y se enfrente a la tele virgen y reciba de la tele los mismos estímulos. **36-M:** El espectador no tiene un comportamiento doloso o culposo, sino los creadores de los programas. Y esta culpa es de los «hacedores» de la televisión. El espectador puede tener parte de responsabilidad, pero desde luego nosotros tenemos el dolo […]. **37-N:** Las personas se enfrentan ingenuas a los programas de televisión. Es que es mentira que el espectador es libre con el mando […]. **38-N:** El mercado publicitario está controlado en un 90% por la fusión entre Antena 3 y la Sexta. […] después de las fusiones que se han producido, que controla el 47% del mercado publicitario. Otra cadena, Antena 3, controla el 28% y la Sexta, un 13. […]. **39-M:** Según la curva de audiencia, se hace una televisión dirigida a los impulsos más primitivos del espectador, independientemente de su cultura. […] y todos sabemos que esa televisión va dirigida a los impulsos más primarios, tengamos la formación que tengamos. **40-H:** La televisión es fundamentalmente un medio de aprendizaje. Se está perdiendo tiempo y dinero dando vacuidad en televisión de una manera intolerable, cuando es un medio extraordinario de formación de la gente. **41-N:** Un programa basura es más perjudicial entre la población que un telediario. Además, la televisión tiene que entretener y puede a veces ser más dañino y más alienante un telediario que un programa basura. **42-N:** Los debates de la radio son llamados también de agitación. Además ahora, lo que hay son esas cadenas que han aparecido, las que yo llamo «de agitación»: por las noches ponen unos debates como en la radio antigua. **43-M:** Para muchas personas la televisión es la única forma de divertirse en su tiempo libre. […] cuyo único elemento de ocio es la televisión. **44-H:** Una de las funciones de la televisión es la distracción de la audiencia. Además la televisión tiene que entretener […]. **45-M:** Los objetivos de la programación televisiva a veces son malintencionados. […] alguien ha confeccionado una oferta televisiva fruto a veces de objetivos absolutamente perversos […]. **46-N:** A todos nos perjudica el tipo de televisión que tenemos hoy en día. […] porque a los que estamos aquí ese tipo de televisión no nos perjudica.

♪3 ♪ Tarea 6: Selección múltiple en un texto auditivo. *Entrevista a Jordi Hurtado,* **p. 17**

47-A: Graban durante mucho tiempo seguido varios programas. Son rondas de grabación largas, intensas, durísimas para todos […]. La respuesta **B** *Él y los concursantes se ven cada 24 horas* no es válida porque el audio dice: «el programa tiene una duración que no llega a media hora y para el espectador han pasado 24 horas cuando vuelve a ver otro», no que se vean cada 24 horas. La **C** *Siempre se nota que llevan muchas horas grabando* tampoco sirve porque escuchamos: «debemos intentar que no se note que llevamos muchas horas grabando».

48-C: **Han conseguido no decaer y seguir entusiasmados.** […] diez años seguidos con una audiencia muy alta, y sin bajar y sin quemarnos […]. No es **A** *Las filiales siempre hay que valorarlas positivamente* ni **B** *Los programas de televisión oriundos de España tienen más éxito que los de las filiales* porque escuchamos: «lo que hay que valorar del programa […] es que es un programa que, a diferencia de otros, no es una sucursal, una franquicia o un modelo que haya en otros países», pero habla de su programa, no de los programas en general.

49-C: **Una ONG recibirá el dinero ganado por los concursantes de los programas especiales.** […] vamos a realizar cuatro programas especiales con la gente más significativa […] lo que ganen lo vamos a dar a UNICEF […]. La respuesta **A** *Conmemorarán el décimo aniversario del concurso con todos los concursantes que han pasado por "Saber y ganar"* no es correcta porque no se dice que vayan a celebrar el décimo aniversario del programa con todos los concursantes que han pasado por él. Tampoco es correcta **B** *Se grabarán algunos programas especiales con los creadores del mismo*, porque no grabarán algunos programas con los creadores, sino «con la gente más significativa, a la que más conoce el espectador fiel de *Saber y ganar*».

50-B: **Dejó de ser un aficionado de los medios en Radio Barcelona.** […] en Radio Barcelona, que siento como mi casa, porque allí me hice profesionalmente […]. Se contrapone *aficionado* con *profesional*. La opción **A** *Hay muchas similitudes entre "Saber y ganar" y "Si lo sé no vengo"* no es correcta porque el entrevistado no dice que haya muchas similitudes entre estos dos programas. La **C** *Los concursos de conocimientos son frecuentes en la radio* tampoco es correcta, ya que no escuchamos que Jordi diga en ningún lugar de la entrevista que los concursos de conocimientos sean frecuentes en la radio, sino que él empezó con un concurso en Radio Barcelona.

51-A: **Tenía un formato muy novedoso.** *Si lo sé no vengo* fue un programa que innovó en muchas cosas […], pero no dice que le sirviera para encontrar una fórmula innovadora (**B**) ni que consiguiera que la televisión privada compitiera con la pública (**C**), ya que en aquel momento, no había televisiones privadas.

52-B: **Tiene una voz maleable que se adapta a muchos registros.** […] porque tienes una voz como de plastilina, y puedes hacer con ella lo que quieras... No es **A** *Ha actuado como pirata en el teatro* porque en el audio se dice que el día de la entrevista puso «voz de pirata», no que haya actuado como tal en el teatro. Tampoco es **C** *Cree que los programas en horario nocturno no tienen el mismo éxito*, puesto que Jordi Hurtado dice que su concurso no tendría el mismo éxito en horario nocturno, no los programas, en general.

Prueba 2 y 3

Al no ser pruebas de calificación objetiva, las Pruebas 2 y 3 no tienen soluciones como tal. Sin embargo, en la Prueba 2 Tarea 1 dispone de un modelo de informe expositivo en la página 20 del libro del alumno.
En la Prueba 3 Tarea 2 dispone de preguntas sobre la prensa digital y/o en papel para guiar y preparar su intervención en la página 28 del libro del alumno.
Le sugerimos que lea las instrucciones generales del inicio del manual para controlar los tiempos de preparación y exposición de la Prueba 3.

EXAMEN 2   CD I

Prueba 1. Uso de la lengua, comprensión de lectura y auditiva

Tarea 1: Completar los huecos. *Anatomía de un instante. (Javier Cercas)*, p. 32
1-B: La imagen, congelada, muestra la parte izquierda del hemiciclo (espacio central del salón de sesiones del Congreso de los Diputados) […]. Es el término específico en este contexto, por eso se descartan *anfiteatro* (zona de asientos de teatros, cines e instituciones docentes) y *tendido* (tipo de grada o asiento de una plaza de toros). **2-B:** […] a la derecha se encuentran los escaños (asiento de los parlamentarios en las Cámaras) ocupa-

dos al completo por los parlamentarios... *Palco* es un tipo de asiento de los teatros y *banquillo* es un asiento de los tribunales o de los reservas en los campos de fútbol. **3-C:** [...] en el centro, la tribuna de prensa <u>atestada</u> (con excesivo número de personas) de periodistas. Ni *maltrecha* (maltratada, en mal estado), ni *ahíta* (saciada, empachada, harta) tienen relación lógica con la frase. **4-A:** ...con la tribuna de oradores <u>en primer término</u> (en el lugar más cercano al observador). Se trata de una locución adverbial, una fijación léxica de la lengua que no se produce con *lado* y *sitio*. **5-A:** [...] un guardia civil en el hemiciclo: está <u>apostado</u> (puesto, situado) en la esquina [...]. Ni *amoldado* (ajustado a un molde), ni *ceñido* (ajustado, apretado) tienen sentido en la frase. **6-C:** [...] el dedo en el <u>gatillo</u> (pieza del arma que se aprieta con un dedo para disparar) del subfusil de asalto. *Detonador* y *cartucho* son términos relacionados con las armas, pero no se aprietan con el dedo. **7-B:** [...] dando pasitos <u>mullidos</u> (blandos, suaves) por la alfombra... Se trata de una figura literaria: la cualidad y textura de la alfombra (blanda, esponjosa) se traslada a los pasos. *Susurrantes* (en voz baja, con ruido suave) se excluye porque sugiere sonido e *ingentes* (muy grande) es incompatible con *pasitos*. **8-B:** los parlamentarios parecen <u>petrificados</u> (inmóviles de asombro y terror) en sus escaños. *Apegados* (con afecto, inclinación) se construye con *a*, y *ufanos* (satisfechos, contentos) no es el término más apropiado para una situación de miedo. **9-A:** un silencio solo roto por un <u>murmullo</u> (ruido continuado y confuso) de toses domina el hemiciclo. Las palabras *ronroneo,* especie de ronquido del gato, y *cuchicheo,* conversación en voz baja y al oído, no pueden relacionarse con las toses de fondo. **10-A:** ...abarca el semicírculo central y el <u>ala</u> (parte en que se divide un espacio) derecha del hemiciclo... Aunque lleve el artículo *el*, *ala* es un nombre femenino. *Flanco* y *extremidad* tienen significados parecidos a *ala,* pero no concuerdan con *derecha* y *el,* respectivamente. **11-C:** ...los taquígrafos y un <u>ujier</u> (portero de estrados de un palacio o tribunal) se incorporan [...]. *Bedel,* auxiliar en centros de enseñanza, y *celador*, vigilante, se usan en otros contextos. **12-C:** [...] la votación nominal de <u>investidura</u> (ceremonia de toma de posesión de un cargo) de Leopoldo Calvo Sotelo como nuevo presidente del gobierno [...]. No son apropiados en esta situación *otorgamiento* (permiso, consentimiento) ni *proclamación* (ceremonia con que se inaugura un nuevo reinado o principado).

Tarea 2: Insertar los fragmentos que faltan en un texto. *Discurso de Vargas Llosa,* p. 34
13-E: El párrafo extraído: «Pero <u>estas dudas</u> nunca asfixiaron mi vocación y seguí siempre escribiendo...» está relacionado sintáctica y semánticamente con el anterior: «Algunas veces <u>me pregunté si</u> [...] escribir no era un lujo...». **14-C:** Gracias al conector argumentativo podemos relacionar el fragmento separado «<u>Por el contrario</u>, gracias a la literatura, [...] la civilización es ahora menos cruel...» con el párrafo donde el autor trata sobre la función de la literatura: «Creo que hice lo justo, pues, <u>si para que la literatura florezca</u> [...] la <u>libertad, la prosperidad y la justicia</u>, ella no hubiera existido nunca». **15-A:** En este caso hay una relación sintáctica evidente entre el fragmento que falta: «<u>Quienes dudan</u> de que la literatura, [...] nos alerta contra toda forma de <u>opresión</u>,» y su continuación, pues se trata de la misma frase separada por una coma (,) «<u>pregúntense</u> por qué todos los regímenes [...] <u>la temen tanto</u>[...]». **16-D:** En la última frase del párrafo anterior está la pregunta cuya respuesta está en el fragmento que se ha quitado: «Lo hacen porque saben el riesgo que corren dejando...». **17-B:** La clave de este ítem está en una figura de repetición que aparece en el párrafo extraído: «<u>Cuando</u> la gran ballena blanca sepulta al capitán Ahab en el mar...» y prosigue en el siguiente: «<u>Cuando</u> Emma Bovary se traga el arsénico, Anna Karenina [...] y <u>cuando</u>...». **18-F:** Después de citar a personajes universales de la literatura y de señalar el sentimiento común que une a todos los lectores, el autor concluye con un párrafo que resume las ideas anteriores: «La literatura crea una fraternidad dentro de la diversidad humana y eclipsa las fronteras...».
No se elige el fragmento G.

Tarea 3: Relacionar seis textos y ocho enunciados. *Reseñas sobre arquitectura urbana,* p. 36
19-F: El autor... nos invita (nos lleva de la mano) a revisar la historia de la arquitectura desde un punto de vista poco habitual (bajo esta óptica un tanto insólita). **20-A:** En esta obra se hace referencia a la funcionalidad (debe ser práctico) que deben regir el diseño de objetos y espacios (el mobiliario urbano) en el urbanismo público (en el espacio público). **21-C:** La obra objeto de esta reseña contempla la trayectoria (el rumbo) que está siguiendo una tendencia arquitectónica (la arquitectura ecológica) y su pugna con la arquitectura

general (en su lucha con la urbanización global). **22-C:** La lectura de esta obra se hace imprescindible (este libro es de obligada lectura) **para** todos los que sientan inclinación por este enfoque de la arquitectura (para los profesionales y estudiantes que se interesen en el cuidado del medio ambiente). **23-E:** En este libro se analiza de qué maneras puede influir el diseño de las ciudades en el comportamiento humano (por qué el uso del automóvil […] qué hace que una calle sea atractiva…) (y por qué preferimos estar al borde de una plaza y no en medio de ella). **24-F:** Según esta obra, hay elementos comunes en la arquitectura de todos los tiempos. (Hay elementos arquitectónicos que se repiten a lo largo de los siglos). **25-D:** Esta obra plantea, entre otros temas relacionados con la arquitectura, que renovación y mantenimiento no son términos equivalentes. (¿En qué se diferencia la restauración de la conservación?). **26-B: En esta obra se hace alusión a un estilo** (diseño arquitectónico y de interiores) que busca espacios desahogados (superficies despejadas) y **evita el diseño recargado** (ausencia de elementos superfluos).

5 Tarea 4: Extraer las cinco frases que resumen un texto auditivo. *Pasión por la arqueología: Chichén Itzá*, p. 39
27-A: El nombre de esta ciudad proviene de su pozo y de la gente que allí vivió, los itzá. Chichén-Itzá evoca sin rodeos lo que la hizo tan famosa, su enorme pozo natural *ts'ono'ot*, devorador de víctimas humanas y sus fundadores, los iztá […]. **28-E:** Los mayas tenían a los itzá como gente muy ruda, zafia, amoral y poco cultivada. De los Itzá, los mayas decían en cambio que eran salvajes, vulgares, incultos, y sin moral… **29-G:** Las urbes anteriores a la colonización tenían una organización diferente a la de las ciudades europeas. Contrariamente a lo que se conocía en el viejo continente, el plano de las ciudades prehispánicas no era en cuadrícula, y las calles no estaban flanqueadas por edificios. **30-I:** Los itzá utilizaban diferentes técnicas para atraer la atención de la gente, basadas en la puesta en escena, ya que la mayoría de la población era analfabeta. […] la mayor parte de su población no sabía ni leer ni escribir. […] El principio es sencillo: orientar de manera sistemática la mirada del espectador y suscitar en él la sorpresa, la emoción, el respeto y el temor reverencial […] combina a ultranza el efecto de las luces y las sombras, las superficies, las formas y volúmenes, los colores.
31-J: Mediante las escaleras, los itzá unían lo terrenal y lo espiritual. Elementos omnipresentes y fundamentales, las escaleras. Por todas partes, rompen la unidad del paisaje urbano e invitan a la imaginación a elevarse aún más alto en su preocupación obsesiva de comunicación entre el mundo terrestre y celeste.

- **Las frases siguientes no resumen el texto:**

B: Antes de que llegaran los españoles, Chichén Itzá ya era un lugar visitado por mucha gente por devoción. En el texto se dice que fue un modesto centro de peregrinaje. **C:** Los itzá eran devoradores sagrados de víctimas humanas. Escuchamos: «su enorme pozo natural […] devorador de víctimas humanas», no los itzá. **D:** Los mayas, descendientes de los itzá, tuvieron durante doscientos años la supremacía sobre todo Yucatán. Escuchamos: «…bajo el impulso de los itzá […]. Durante doscientos años la ciudad disfruta de un esplendor sin igual y sus dirigentes ejercen su supremacía sobre todo Yucatán». Sus dirigentes no son los mayas sino los itzá. **F:** Los itzá llegaron al Yucatán, en la altiplanicie mexicana, en el siglo x, por razones políticas y económicas. En el audio se dice que: «los itzá procedían de […] Tula, en la altiplanicie mexicana», no que el Yucatán esté allí. **H:** El sector norte de Chichén-Itzá fue construido más tarde que el sur. El audio dice: «Siempre se pensó que el sector sur correspondía a la ciudad antigua, levantada por los mayas antes de la llegada de los invasores, mientras que la parte norte correspondía a la ciudad nueva, construida por los itzá toltecas». **K:** *El Castillo*, monumento hispánico de gran majestuosidad, ocupa la parte alta de la ciudad. *El castillo* está en «el corazón de este vasto tejido urbano», no en la parte alta de la ciudad y además no es un monumento hispánico, sino que el nombre se lo pusieron los conquistadores españoles. **L:** Quetzacoatl, deidad venerada por los mayas, se representaba como un reptil emplumado. El audio dice que: «Quetzacoatl, la serpiente con plumas venerada en Teotihuacán y bautizada Kukulcán por los mayas».

6 Tarea 5: Seleccionar las ideas expresadas por un hombre, una mujer o ninguno en un texto auditivo. *La leyenda del tiempo: flamenco y Camarón*, p. 40
32-M: El flamenco no está considerado por el Estado al mismo nivel que otros géneros musicales. Cuando

tengamos las mismas oportunidades que tienen otras músicas y que el Estado nos haga el mismo caso, pues entonces estaremos en igualdad de condiciones. **33-M**: Las personas poco familiarizadas con el flamenco se sorprenden cuando todos acaban simultáneamente. […] la gente que no está en el flamenco dice: ¿cómo es posible que acabéis todos a la vez? **34-N**: Von Karajan opinaba que en el flamenco todos terminan al mismo tiempo porque están locos. […] no sé si fue Von Karajan […] «el flamenco es un arte que están todos locos, pero acaban todos en el mismo sitio». **35-H**: En la iniciación al flamenco los profesionales son generalmente egoístas. Yo creo que en el arte flamenco, en general, los artistas profesionales son poco generosos, ¿en qué? En la enseñanza. **36-M**: Se puede hacer flamenco espontáneamente, pero siempre con una base codificada. Porque claro, hay códigos: improvisar se puede, siempre y cuando respetes esos códigos […]. **37-M**: Dependiendo de diferentes aspectos externos el cantaor actuará de una manera u otra. […] depende de la guitarra que tengas al lado, de lo que te inspire, de lo que tú veas… **38-N**: El *jazz* en España nace al mismo tiempo que el americano. […] en América el *jazz* nace casi en la misma época (que el flamenco), más o menos en 1760 […]. **39-H**: Los artistas flamencos tendrían que hacerse responsables de que todavía no existan unas normas para su música. En flamenco, todavía no hemos sido capaces de crear esos códigos […] yo creo que los artistas deberían asumir su parte de responsabilidad. **40-H**: El flamenco es muy estricto y poco espontáneo. […] el flamenco es muy cerrado, estrictamente, muy riguroso y es tan cerrado como se ha hecho creer que es la música clásica. **41-N**: El flamenco es un arte imprevisible que se lleva en la sangre. Lo que llevas en la masa de la sangre es tu afición, tu sentimiento, tu espiritualidad y tu alma. **42-M**: Antiguamente había mucho más trato entre los artistas del que hay ahora. Había mucho más contacto entre los artistas. **43-N**: No se debe enseñar flamenco. […] «no se puede enseñar flamenco». **44-H**: La situación del flamenco está cambiando mucho y cada vez tiene más aficionados, especialmente entre los menos viejos. […] hay muchísima gente que asiste a ciclos, a recitales… El flamenco se ha centrado últimamente mucho en el público joven que está muy interesado […]. **45-N**: Desde el punto de vista técnico es muy difícil grabar un disco de flamenco. Yo veo que cuesta mucho trabajo que alguien que haya grabado un disco, una persona joven, pues que se lo incluyan en las listas, que lo pongan en la radio… **46-N**: Para ser un buen cantaor tienes que tener afición y no irte fuera de España. Eso lo tiene todo el que nace aquí y en Rumanía. Si a un niño recién nacido te lo llevas a Rusia, desde luego que no sale Paco de Lucía.

🎧 Tarea 6: **Selección múltiple en un texto auditivo.** *Entrevista a Pedro Almodóvar, p. 40*

47-C: Cuando uno ha sido premiado antes, es más difícil volver a ser nominado. […] cada vez es más complicado justamente estar presente en premios que ya incluso te han dado más de una vez […]. La **A** *Se puede eludir el neorrealismo sin rechazar ninguna de sus claves* no es correcta porque en el audio dice que «se puede abordar», no eludir. La respuesta **B** *Ha sido nominado dos veces, por "Todo sobre mi madre" y "Hable con ella"* tampoco es correcta puesto que Almodóvar dice que ha ganado dos veces el Globo de Oro por esas películas, pero que ha estado nominado varias veces.
48-B: En España sabemos muy pocas cosas sobre la sociedad iraní. […] en iraní, y da muchas claves sobre una sociedad que conocemos muy poco […]. La respuesta **A** *La película de Irak «Una separación» da muchas claves sobre esa sociedad* no es correcta porque la película de la que hablan es de Irán, no de Irak. Asimismo **C** *"Divorcio a la italiana" de Vittorio de Sica, se parece a las películas de Kiarostami* no es correcta porque el director manchego dice que lo único que conoce de la sociedad iraní es por medio de la cinematografía de Kiarostami.
49-A: La ceremonia de los Globos de Oro puede ser muy sorprendente. […] en los Globos de Oro puede ocurrir casi cualquier cosa y eso es muy de agradecer. Ni **B** *La gente que bebe alcohol le resulta relajante y mucho más suelta* ni **C** *45 segundos para el discurso de los concursos cinematográficos es muy poco tiempo* son correctas, ya que en el audio se dice que en la ceremonia de los Globos de Oro los asistentes tienen una actitud suelta y relajada, en parte por el alcohol que consumen, pero no que la gente que bebe alcohol sea así. Por otra parte escuchamos que «tampoco son tan rigurosos con los 45 segundos que te conceden», no que 45 segundos sea poco tiempo para los discursos.
50-C: Su inglés es inextricable. […] en esas ocasiones yo hago directamente *cabaret* en un inglés imposible. La respuesta **A** *"Indochina", con Catherine Deneuve, era una de sus películas favoritas el año que "Todo sobre*

mi madre" ganó el Globo de Oro es falsa, porque Almodóvar no dice que *Indochina* fuera una de sus películas favoritas, sino que era la favorita de la organización. La **B** *Aunque no bebe alcohol* (habitualmente), *en los Globos de Oro todos lo hacen* (con *todos* se incluye a sí mismo) también lo es, dado que dice que él no bebe nunca y declara: «eso de que hayan bebido (ellos)… ».

51-A: Bruce Willis y Tom Hanks fueron muy educados en la última ceremonia de los Globos de Oro. Tom Hanks, Bruce Willis estuvieron como unos caballeros […]. **B** *Las ceremonias de los Globos de Oro son políticamente incorrectas* no es cierto porque aunque Almodóvar deja entender que la última sí fue políticamente incorrecta, en ningún momento dice que las ceremonias de los Globos de Oro en general lo sean. **C** *Cuando se meten con él le resulta sangrante* tampoco es correcta puesto que se dice que hay cosas sangrantes que gustan mucho, pero no que le moleste que se metan con él.

52-C: Le gustaría divertirse mucho en la próxima ceremonia de los premios. […] a esta sí voy a ir y espero pasármelo muy bien […] Escuchamos en el audio que el 95% de las películas nominadas son las estrenadas en los últimos 4 meses, no que sean las ganadoras. Por lo tanto **A** *El 95% de las películas premiadas han sido estrenadas en los últimos 4 meses* es incorrecta. Almodóvar dice que el beneficio de los premios es «bastante inmediato», no a medio plazo, como leemos en la respuesta **B** *Los premios tienen una rentabilidad a medio plazo*.

Prueba 2 y 3

La Prueba 2 Tarea 1 dispone de un modelo de carta al director de un periódico en la página 44 del libro del alumno.
En la Prueba 3 Tarea 2 dispone de preguntas sobre la vida en las ciudades para guiar y preparar su intervención en la página 52 del libro del alumno.

EXAMEN 3   CD I

Prueba 1. Uso de la lengua, comprensión de lectura y auditiva

Tarea 1: Completar los huecos. *El mito de las sirenas*, p. 56

1-A: … dios del río homónimo y primogénito de los dioses-ríos. En el texto se está hablando de la ascendencia y relaciones de parentesco, por eso *primogénito* (el hijo que nace primero) es el término adecuado, frente a *primerizo* (que hace algo por primera vez) y *primario* (primero o principal en orden y grado, primitivo). **2-C:** … nacieron de la sangre de Aqueloo derramada (vertida) por Heracles. *Rociada* (esparcida en menudas gotas el agua u otro líquido) y *diseminada* (esparcida, extendida) comparten parte del significado con *derramada*, pero son términos que no suelen asociarse de forma estable o fija con *sangre*. **3-C:** …antes de que esta fuera raptada (llevada por la fuerza o engaño) por Hades. *Apropiada* en el sentido de tomar alguna cosa, se construye con pronombre (apropiarse de); y *detenida* (arrestada, prendida por una autoridad) es una opción inadecuada en este contexto. **4-B:** …y estas muy ofendidas las desplumaron (quitaron las plumas)… *Emplumaron* (pusieron plumas o castigaron recubriendo su cuerpo de plumas) es un contrasentido dado que se dice que las sirenas ya tenían plumas. Respecto a *arrasaron*, ninguna de sus tres acepciones más usadas (allanar, destruir o triunfar) tiene sentido en el texto. **5-B:** …y se coronaron con despojos (partes de las aves muertas, restos, residuos). *Desechos* y *desperdicios* comparten significado con *despojos*, pero son términos que no son específicos para designar los restos de las aves. **6-C:** La música que tocaban atraían a los marinos, que aturdidos (perturbados, desconcertados) por el sonido… Este término tiene más sentido para expresar los efectos de la música que tocaban las sirenas que el adjetivo *atolondrado* (que actúa sin reflexionar) y *empachado* (con indigestión). **7-A:** … que se estrellaba (chocaba con violencia) contra los arrecifes. *Derrumbaba* (destruía, precipitaba) y *despeñaba* (caer desde un lugar alto) contienen la idea de caerse desde arriba, algo imposible para un barco que está en el mar. **8-C:** Varios héroes pasaron incólumes (sanos, sin lesión o daño) por su isla… La lógica del contexto nos hace desestimar *ilusos* (personas a las que se engaña, soñadores) e *infalibles* (que no pueden equivocarse o errar). **9-B:** De igual manera, Odiseo, fecundo en <u>ardides</u> (artificios, tretas o trucos para conseguir algo)... *Embrollos* (enredos, confusiones, embustes) y *deslices* (desaciertos, equivocaciones) no contienen la idea de aportar soluciones ingeniosas. **10-B:** ...él se hizo <u>amarrar</u> (atar con cuerdas) al mástil del barco. *Abrochar* (cerrar con broches, botones...) y *enhebrar* (meter el hilo o hebra en el ojo de la aguja) no pueden relacionarse, como *amarrar*, con la palabra <u>desatar</u> que aparece en el texto. **11-A:** ...divinidades <u>del más allá</u> (locución sustantiva: el mundo de ultratumba)... Con *acá* y *allí* no se puede formar esta locución. **12-A:** ...las dibujan en <u>ataúdes</u> (cajas de madera donde se pone a los muertos para enterrarlos) y sarcófagos. Es imposible dibujar sirenas en *hoyos* (concavidad hecha en la tierra, sepultura) y poco probable en *tallas* (esculturas en madera y otros materiales).

Tarea 2: Insertar los fragmentos que faltan en un texto. *El talento se puede inventar (Eduardo Punset),* **p. 58**
13-C: «¿Han oído hablar de la capacidad <u>metafórica</u>? Es el primer requisito del talento». Esta pregunta se responde en el texto que viene a continuación: «**El primer día que uno de los homínidos cazadores recolectores exclamó [...] estaba activando un <u>don</u> insospechado de <u>mezclar dominios cerebrales</u>...**». **14-B:** Las palabras clave del fragmento separado: *metafórico, multidisciplinar, talento* están relacionadas con las del párrafo anterior: *capacidad metafórica, talento, mezclar dominios*... **15-G:** En el texto se dice: «...**en el cerebro <u>existen unos circuitos</u>** por donde se activan los llamados *inhibidores latentes*». Y el párrafo extraído: «Las personas a quienes les <u>funcionan adecuadamente</u> (se refiere a los inhibidores) pueden leer una novela...». **16-D:** En el párrafo que se ha quitado se concluyen las ideas expuestas en el anterior sobre *inhibidores latentes, talento*... «Sin inhibidores latentes [...] no hay talento que valga». **17-A:** Además de la conexión sintáctica, la palabra clave que permite relacionar el texto con el fragmento extraído es *intuición*: «...**el talento era fruto de una reflexión. Nunca se habían analizado científicamente los <u>mecanismos intuitivos</u>**». «<u>La intuición</u> no se consideraba...». **18-E:** En este caso se ve claramente la relación entre el párrafo separado: «En los últimos años, la ciencia [...] ¿Cuándo? [...] Cuando no se dispone de toda la información necesaria...» y el texto, donde se pone un ejemplo de la afirmación anterior: «Un ejemplo: ¿Qué población tiene...?».
No se elige el fragmento F.

Tarea 3: Relacionar seis textos y ocho enunciados. *Reseñas sobre libros de psicología,* **p. 60**
19-F: En esta reseña se alude a la capacidad que tiene el ser humano **para sobreponerse** (para seguir proyectándose en el futuro) **ante los impactos emocionales negativos** (a pesar de acontecimientos desestabilizadores y [...] de traumas...), **pese al riesgo que tiene de caer en la desesperación** (...aún habiendo vivido una situación traumática, han conseguido encajarla y seguir desenvolviéndose...). **20-F:** ...**pruebas irrefutables** (demuestra de forma contundente) ...**determinadas capacidades psicológicas humanas** (la *resiliencia*) **no constituyen una enfermedad** (no indica patología). **21-D: En este libro se dan pautas** (este libro ofrece las claves) **para que las familias** (los padres [...] hijos adolescentes) **puedan resolver sus problemas** (ofrece soluciones prácticas para resolver los conflictos cotidianos). **22-A:** ...**se hace alusión a una facultad humana** (la memoria) **que aglutina y da solidez** (es el cemento que une, ...da consistencia) **a los rasgos propios de cada persona** (a nuestra identidad). **23-B: Esta obra nos ofrece a una serie de términos** (proporcionando un rico vocabulario) **relacionados con la conducta de las personas** (que explica y describe el comportamiento humano). **24-A: En esta obra se estudia cómo** (analiza las medidas...) **prevenir el envejecimiento** (el deterioro prematuro) **de una importante facultad humana** (la memoria). **25-E: El autor de esta obra recurre al simbolismo psicológico y a la tradición histórica** (mediante el simbolismo psicológico y la tradición histórica) **para explicar un determinado fenómeno psicológico** (...los colores y los sentimientos no se combinan de manera accidental...). **26-C: Esta reseña menciona que ya se conocen los fundamentos** (sí se conocen ya las razones) **por los que una persona puede hacer frente a la adversidad** (haga frente a la contrariedad).

Tarea 4: Extraer las cinco frases que resumen un texto auditivo. *Pidiendo ayuda a los ángeles,* **p. 63**
27-A: Para que los ángeles vengan en tu auxilio se lo tenemos que rogar. Los ángeles pueden cambiar tu vida, y todo lo que tienes que hacer es <u>pedirles</u> que te ayuden [...]. **28-E: Aunque no creamos en la existencia de los**

ángeles, siempre puede hacernos bien el acogernos, en caso de necesidad, a su favor. Ni siquiera el <u>hecho de no creer</u> en la existencia de los ángeles es un impedimento para recurrir a ellos y para <u>beneficiarnos de su ayuda</u>. **29-F:** Los ángeles nos escucharán si nuestra petición no es falsa. […] cualquier intento de dirigirnos a ellos que sea <u>sincero</u> […]. **30-H:** El paso del tiempo es algo puramente terrenal. El tiempo y la dimensión temporal no existen más que para nosotros […]. **31-I:** Si pedimos a los ángeles algo negativo, estamos atrayendo de alguna manera la negatividad hacia nosotros. Al utilizar frases negativas, aun sin ser conscientes de ello, estamos ya imaginando la pérdida, la derrota […].

- **Las frases siguientes no resumen el texto:**

B: *Atreverse*, *saber*, *poder* y *querer* son las condiciones que los ángeles ponen para ayudarnos. Vamos a contemplar, alquímicamente, esta decisión, analizando sus <u>cuatro condiciones necesarias</u>. Estas condiciones no las ponen los ángeles. **C:** Tras el primer recodo del camino nos espera el *querer*, la primera condición necesaria. El <u>querer es el motor</u> de todo. <u>Si</u> el motor <u>falla</u> […] no habrá oportunidad […] de obtener el mínimo resultado, por mucho que esa meta y esos <u>resultados, tan deseados, estén esperándonos tras el primer recodo del camino</u>. **D:** La fe es el punto fundamental a la hora de pedir auxilio a los ángeles. Es cierto que el poder de la fe enorme mueve montañas, pero […] no es primordial. **G:** La palabra divina suele ser una <u>cháchara</u> sin fondo. La <u>charla inconsciente</u> y ociosa encierra siempre un peligro. **J:** Cuando pedimos ayuda a los ángeles debemos pensar: «Va a salir bien aunque no creo que el resultado sea acorde con mis deseos». Se trata de <u>evitar</u> por todos los medios <u>que</u> mientras nos afanamos en componer la petición de la mejor manera, <u>nuestra mente esté en realidad transmitiendo: «Quiero esto, pero no tengo mucha confianza en que esta petición sirva para algo»</u>. **K:** A pesar de que no <u>creamos</u> en los ángeles, hay que atreverse a verlos como realidades tangibles. […] atreverse a pensar que pese al hecho de que <u>nuestros sentidos no los capten</u>, existe la <u>posibilidad</u> de que los ángeles sean una realidad […]. **L:** Los ángeles invisibles nos ayudarán siempre al inicio de cada día. Hay que <u>comenzar la jornada</u> mandando un pensamiento a los ángeles especialistas en nuestra actividad […].

🔊 Tarea 5: Seleccionar las ideas expresadas por un hombre, una mujer o ninguno en un texto auditivo. *¿Existen los fantasmas?*, p. 64

32-M: Hay gente creyente que, sin embargo, no cree en la existencia de fantasmas y eso es una paradoja. […] gente que por sus creencias dice que cree en el más allá, es decir, que todos vamos a un más allá, y luego les cuesta creer en esa parte del más allá; **33-M:** Los fantasmas son entes que no se han marchado definitivamente. […] para mí los fantasmas no son los que están en el más allá, son los que no se han ido del todo. **34-N:** El origen de lo paranormal deriva <u>siempre</u> de desequilibrios nerviosos internos. El hombre dice: «[…] el miedo, la angustia existencial de la muerte, es el origen de <u>casi</u> todo lo paranormal». **35-H:** Desde el punto de vista científico no hay datos concretos sobre la existencia de fantasmas. […] todo científico persigue conocer la realidad lo mejor posible, y si tuvieran datos en este sentido, no los ocultarían jamás […]. **36-N:** Los fantasmas son muy inteligentes y adivinan siempre lo que el testigo de su presencia piensa. La mujer dice: «El fantasma se comporta de una forma inteligente, interactúa con el testigo, le da información que en muchos casos el testigo no conoce […]». **37-N:** El doctor Barnard vio un fantasma porque tenía hepatitis viral. La mujer dice: «El doctor Barnard […] estuvo ingresado en una clínica por una hepatitis viral», pero no vio al fantasma de la señora del cuarto contiguo por tener esa enfermedad. **38-N:** La ciencia no conoce todo lo que ocurre en el universo, <u>incluidos</u> los fantasmas. El hombre dice: «Si la ciencia no sabe ni lo que está ocurriendo en el universo, ¿cómo vamos a creer <u>además</u> en fantasmas?». **39-H:** La ciencia trata de explicar las cosas por el camino más <u>sencillo</u>. La ciencia intenta explicar los fenómenos de la forma más <u>simple</u> posible. **40-H:** Las drogas pueden hacer que se vean fantasmas. Una alucinación es un fenómeno patológico, producido por drogas, enfermedad, etc. **41-H:** <u>Más de la mitad</u> de los estadounidenses entrevistados apoya la <u>tesis bíblica</u> del tiempo de la creación. En encuestas gigantescas en EE. UU. sobre la creación, el <u>65%</u> de los que opinaban, creía que el mundo se había creado en <u>7 días</u> […]. **42-N:** El doctor Barnard, <u>cuando estaba en el hospital</u>, escribió sobre el fantasma de la mujer de la habitación contigua a la suya. La mujer dice: «[…] Barnard lo cuenta en una entrevista impresa». Esa entrevista no la hizo en el hospital. **43-M:** Hay tratados de

parapsicología que ordenan y disponen por clases los fantasmas y sus efectos. El fantasma está clasificado y catalogado perfectamente en todos los tratados de parapsicología del mundo […]. **44-N:** En años venideros, sin duda, los fantasmas se explicarán desde el punto de vista objetivo y pragmático. La mujer dice: «Por eso, yo tengo fe en la ciencia, y llegará el momento en que esta fenomenología será aceptada científicamente».
45-H: La gente considera como ciertos algunos fenómenos sin explicación científica. No me sorprende que el ser humano sea tan crédulo, porque es muy natural que crea en esas cosas, ya que necesitamos creer […].
46-N: Los fantasmas tienen muy baja temperatura. La mujer dice: «[…] no conocemos la composición del fantasma, pero sabemos […] que bajan la temperatura […]».

🔊 Tarea 6: Selección múltiple en un texto auditivo. *Crisis y bloqueo emocional,* p. 65

47-B: Las emociones negativas vienen del bloqueo por dos causas frecuentes. En muchas ocasiones, nos vienen (las emociones negativas) porque (*primera causa*) hemos tenido otras entrevistas que no han salido como nosotros pensábamos, (*segunda causa*) hemos tenido muy pocas entrevistas […]. La frase **A** *Cuantos más currículos enviemos, menos ansiedad sentiremos* no es correcta porque en el texto escuchamos: «hemos tenido muy pocas entrevistas en relación con el volumen de currículos que hemos enviado», no que sintamos menos ansiedad si enviamos más currículos. La propuesta **C** *Cuando un desempleado se bloquea, es siempre porque ha tenido muchas entrevistas de trabajo anteriormente* tampoco lo es, ya que el texto dice, como hemos visto antes: «En muchas ocasiones […] hemos tenido muy pocas entrevistas […]».

48-B: Las entrevistas de trabajo que salieron mal pueden provocarnos emociones negativas. En muchas ocasiones nos vienen porque hemos tenido otras entrevistas que no han salido como nosotros pensábamos […]. La respuesta **A** *Debemos focalizarnos en las personas que han encontrado trabajo* no es correcta porque en la entrevista escuchamos que: «es importante que no perdamos el foco que es que al día de hoy hay personas a las que se las está contratando», no que debamos focalizarnos en las personas que han encontrado trabajo. Tampoco es correcta la **C** *Hace diez años había las mismas personas que ahora buscando trabajo* porque escuchamos: «[…] no estamos en la época que vivíamos hace diez años […]».

49-A: En la actualidad hay menos empleos que candidatos. […] el nivel de personas que buscan trabajo es mucho mayor que el nivel de puestos que ahora mismo hay […]. La opción **B** *Tenemos que escribir en un cuaderno las cinco cosas que deseamos* no es cierta porque en el audio dicen: «Propones que al irnos a dormir hagamos una lista de las cinco cosas positivas que nos han pasado en el día […]». Tampoco **C** *Aunque pensemos las cosas positivas, si no las escribimos no se cumplen* es correcta, porque el entrevistado dice: «tenemos que obligarnos a hacer una pequeña lista y a escribirlas en un papel». No las escribimos para que se cumplan, sino para que tomemos conciencia de que existen.

50-C: Tenemos que tener un pensamiento positivo a la hora de buscar trabajo. Entrevistador: ¿Cómo podemos cambiar nuestro estado de ánimo para afrontar esa situación? Carmen: Pues lo primero es cambiar ese estado emocional. La frase **A** *En una semana podemos encontrar más de cien cosas buenas en nuestra vida* no es correcta, porque en el texto se dice que intentemos buscar cinco cosas positivas cada día solamente. La frase **B** *El nivel de puestos de trabajo depende de la focalización de las personas que lo buscan* tampoco es correcta puesto que en el texto no se dice que el nivel de los puestos de trabajo dependa de la focalización.

51-C: No solemos fijarnos en las cosas buenas que nos pasan en la vida. Muchas veces, no nos damos cuenta de esas cosas que sí tenemos y no nos paramos a valorarlas. **A** *La música clásica influye en nuestros pensamientos positivos* no es correcta: en el texto dice que pongamos la música que nos guste para animarnos, no que tenga que ser música clásica. **B** tampoco es correcta *Valoramos demasiado las cosas que perdemos,* dado que en el texto solo se dice que las cosas buenas de nuestra vida «no nos paramos a valorarlas».

52-A: En una entrevista laboral importa menos nuestra formación académica que la emocional. Muchas veces, esa necesidad no la cubrimos con el currículum, con la carrera o con los títulos. La cubrimos con cosas mucho más sutiles como son la actitud, la predisposición… **B** no es correcta *Convencer al entrevistador de que nosotros podemos ayudarle a levantar la empresa es una forma de solucionar las crisis emocionales,* ya que en la audición se dice que: «Desde el momento en que nosotros seamos capaces de hacerle ver que lo que él busca, su necesidad, nosotros se la podemos cubrir, será lo adecuado», no que esa actitud solucione nuestras crisis emocionales. La respuesta **C** *Tenemos que seguir los caminos creados, según Aníbal el Cartaginés* no es correcta porque lo que Aníbal decía era: «Encontraremos un camino o lo crearemos».

Prueba 2 y 3

La Prueba 2 Tarea 1 dispone de un modelo para redactar un artículo argumentativo en la página 68 del libro del alumno.

En la Prueba 3 Tarea 2 dispone de preguntas sobre la búsqueda de la felicidad para guiar y preparar su intervención en la página 76 del libro del alumno.

EXAMEN 4   CD II

Prueba 1. Uso de la lengua, comprensión de lectura y auditiva

Tarea 1: Completar los huecos. *Discurso del Premio Príncipe de Asturias (Arturo Álvarez-Buylla)*, p. 80
1-A: Cuando nos <u>adentramos</u> (penetramos en el interior de algo) en el ocular de un microscopio… Las opciones *asomarse* (sacar o mostrar algo por una abertura o por detrás de alguna parte) e *inmiscuirse* (entremeterse, meterse donde a uno no le llaman) no tienen significado lógico en este texto. **2-C:** …que con sus <u>frondosos</u> (abundantes hojas y ramas) tentáculos se comunican entre sí… Se puede relacionar metafóricamente los tentáculos de los circuitos neuronales con ramas frondosas, pero no es posible esa asociación ni con *boscoso* (que tiene bosques) ni con *yermo* (terreno inhabitado y sin cultivo). **3-B:** …puede desarticular los frágiles circuitos neuronales y <u>desencadenar</u> (originar, provocar) desequilibrios… *Encadenar* (unir, atar con cadenas) no tiene sentido en la frase y *estallar* (reventar de golpe, sobrevenir, ocurrir violentamente) es un verbo intransitivo que no puede construirse con *desequilibrios*. **4-C:** …en un camino muy <u>cuesta arriba</u> (que cuesta mucho esfuerzo). Se trata de una locución, por este motivo se excluyen *pendiente* (inclinado, en declive) y *ladera* (declive de un monte). **5-A:** …para entender cómo se <u>ensambla</u> (se une, se ajusta, se acoplan unas piezas con otras), funciona o se deteriora… Esta noción de unión y ajuste de los mecanismos del cerebro no se trasmite con *adhiere* (se pega o une a otra cosa) ni *entronca* (establece o reconoce una relación o dependencia). **6-A:** …<u>estamos</u> todavía <u>en pañales</u> (tener poco o ningún conocimiento de algo). Es una locución verbal. También lo son *(estar en) la inopia* (ignorar, desconocer) y *(estar en) el aire* (en situación insegura o precaria), pero con ellas no se expresa la idea de estar en los inicios de una investigación o del conocimiento de algo. **7-A:** …encontramos en el <u>umbral</u> (paso primero y principal) de una verdadera revolución... Este sentido metafórico no es posible con los términos *dintel* (parte superior de la puerta) y *soportal* (espacio cubierto, pórtico). **8-C:** …que guarda en sus <u>entrañas</u> (partes más íntimas y esenciales) memorias y códigos… *Interioridades* se refiere a la cualidad del interior, concepto incompatible en el contexto y *meollos* no se usa en plural en su significado de *fondo, lo principal y esencial de algo*. **9-C:** …memorias y códigos <u>pulidos</u> (corregidos, perfeccionados) por la experiencia… *Pulimentados* (alisados, con tersura y lustre) y *alisados* (de alisar: poner lisos) no poseen, como *pulidos,* el significado de *perfeccionados*. **10-B:** …por <u>novatos</u> (nuevo o principiante en cualquier facultad o materia) sin experiencia… No es lo mismo *neófitos* (persona recién convertida a una religión o adherida a una causa) ni *noveles* (con poca experiencia en un arte o profesión). **11-B:** …dentro de la <u>maraña</u> (asunto intrincado y de difícil salida) complicadísima que es el cerebro adulto… *Traba* (acción de juntar, unir) y *patraña* (mentira o invención) no tienen sentido en este fragmento. **12-B:** …<u>no es de extrañar</u> (no sorprende que…) que muchos estudiosos… No existe esta combinación fija de elementos con *admirar* y *sorprender*.

Tarea 2: Insertar los fragmentos que faltan en un texto. *La invención de la imprenta,* p. 82
13-B: «<u>Sabemos poco de la vida</u> del tan afamado protagonista, ni siquiera si las fechas de nacimiento o muerte […] son exactas». Este párrafo extraído está relacionado con el anterior y con el siguiente por el tema (los datos biográficos) y por la conexión sintáctica: «<u>a pesar de lo poco que conocemos de su vida</u>…». **14-D:** «…pero <u>no porque el libro que se imprimiera fuese la Biblia</u>», «<u>sino porque</u> esta impresión pudo llevarse a cabo…». Es muy evidente la relación sintáctica y ortográfica entre los dos fragmentos. **15-A:** «…<u>nuestro héroe no inventó la máquina de imprimir</u>…». Se puede apreciar fácilmente la relación lógica entre el texto y el fragmento separado: «<u>En la época de Gutenberg ya se imprimían naipes, grabados</u>…». **16-F:** «…<u>Como se puede observar, sí</u>

hay motivos para atenuar la originalidad de la innovación de Gutenberg». La idea es que es evidente que hay motivos para quitar importancia a su invento, pero «a pesar de todo, es imprescindible seguir hablando de nuestra civilización como la de la «Galaxia Gutenberg». **17-C:** «La novedad de la solución de Gutenberg […] residió en que los caracteres […] estaban fundidos en metal y no grabados sobre madera». El texto siguiente está relacionado lógica, sintáctica y semánticamente con el párrafo extraído: «Sin duda, para ello le ayudó su formación de orfebre» (persona que trabaja con oro, plata o aleaciones). **18-G:** En este párrafo se habla de dos novedades fundamentales, los caracteres fundidos en metal y «Otra novedad […] fue la tinta que empleó». En el fragmento extraído se repiten las dos novedades de Gutenberg: «Tipos metálicos móviles y tinta de nueva composición…» y se les da la importancia que merecen en el éxito obtenido: «pueden parecer innovaciones menores y, sin embargo, fueron las modestas e ilustres responsables del inmenso éxito de la imprenta de Gutenberg».
No se elige el fragmento E.

Tarea 3: Relacionar seis textos y ocho enunciados. *Noticias de ciencia y tecnología*, p. 84
19-E: El experimento científico… está basado en el análisis de corrientes unidireccionales (haz: conjunto de partículas o rayos luminosos que se propagan sin dispersión; en Física, corriente de radiación en una sola dirección) de determinadas partículas (neutrinos). **20-D:** …se está tanteando la distribución (… está ahora buscando la posible comercialización) de este avance tecnológico (una nueva aleación que convierte el calor directamente en electricidad) de múltiples aplicaciones (aprovechar parte del calor que se pierde por el tubo de escape… la captura del calor…, e incluso…). **21-B:** Esta noticia se basa en un experimento llevado a cabo con hongos (levadura: nombre genérico de ciertos hongos). **22-E:** …se habla de unos experimentos científicos cuyos resultados corroboran (Los científicos… han vuelto a confirmar…) los ya existentes. **23-F:** …un descubrimiento, que cuando se perfeccione, permitirá transformar de forma barata la energía solar en electricidad. (…podrían obtenerse a partir de algunos… con el resultado de un importante abaratamiento en los costos de producción de células solares). **24-B:** El descubrimiento… ha sido realizado por un equipo de investigadores de dos países. (Un equipo de científicos de la Universidad Nacional de Taiwán, la Universidad … en Estados Unidos). **25-C:** …un descubrimiento científico que pone fin a una desavenencia sobre la cuestión. (Los hallazgos ponen fin a un debate de hace mucho tiempo). **26-A:** La verificación de los resultados de la investigación… se dilata en el tiempo (se necesitan observar al menos tres tránsitos, lo que prolonga la tarea de confirmación) por las características propias de los objetos investigados (planetas).

🎧 Tarea 4: Extraer las cinco frases que resumen un texto auditivo. *La influencia del Sol en La Tierra*, p. 87
27-B: El Sol proporciona los elementos necesarios para que en La Tierra haya vida. […] sin él no sería posible la vida animal o vegetal. **28-E:** La energía solar tardará en extinguirse unos 5 000 millones de años. El Sol se formó hace 4 650 millones de años y tiene combustible para otro tanto. **29-G:** Las tormentas solares son cíclicas y provocan el llamado viento solar. Cada 11 años, el Sol entra en un turbulento ciclo conocido como *actividad máxima solar*, que propicia que el planeta Tierra sufra una tormenta de Sol. […] Toda esa mezcla conforma el llamado viento solar […]. **30-H:** Los elementos químicos pesados del Sol hacen que haya cambios biológicos en La Tierra. […] elementos químicos superpesados […]. Todo esto afecta a la biología humana. **31-J:** Muchas enfermedades propagadas entre la población a lo largo de los siglos han ocurrido al mismo tiempo que una gran actividad solar. Las grandes epidemias que han azotado y diezmado a la humanidad parecen coincidir con periodos de intensa actividad solar.

Las frases siguientes no resumen el texto:
A: El Sol es un espectro amarillo G2 que está en el centro de los sistemas solares.
El Sol es considerado generalmente como una *estrella enana amarilla* de tipo espectral G2 que se encuentra en el centro del sistema solar. **C:** El calor del Sol tarda algo más de 8 minutos en llegar a La Tierra. […] la luz tarda 8 minutos y 19 segundos en llegar hasta nosotros. **D:** Dado que el Sol es la estrella más cercana a La Tierra se le han creado ritos y ceremonias. Es una de las estrellas más cercanas a nosotros y su brillo es verdaderamente grande, tanto que en el pasado se le crearon ritos y ceremonias para venerarlo. **F:** Cuando el helio del Sol se transforme en hidrógeno, esta estrella morirá. Llegará con esto un día en el que el Sol agote

todo el hidrógeno y lo transformará en helio; entonces se iniciará su etapa moribunda. **I:** Los ataques de esquizofrenia y suicidios están provocados por las tormentas solares. Lo que sí se sabe es que cuando aumenta el viento solar se registran más casos de esquizofrenia […] y tienen lugar más suicidios. **K:** Los *heliobiólogos* son astrofísicos dedicados a estudiar el Sol. Trabajando junto con los astrofísicos, los *heliobiólogos* han llegado muy lejos. **L:** Los microorganismos de las tormentas solares anticipan sus propios cambios de 4 a 6 días antes de las mismas. […] las bacterias patógenas anticipan estos cambios en ellas entre 4 y 6 días antes de que tenga lugar la tormenta solar.

Tarea 5: Seleccionar las ideas expresadas por un hombre, una mujer o ninguno en un texto auditivo. *La teoría de la evolución de Darwin*, p. 88

32-N: Las clases de biología tienen grandes fallos. El hombre dice: «Empecé a investigar el darwinismo y me di cuenta de que tenía una enorme cantidad de fallos […]». **33-N:** Las teorías de Darwin nacieron como apoyo al creacionismo tradicional, que hablaba de Dios como creador absoluto. La mujer dice: «Deberíamos explicar la evolución de Darwin como una respuesta a la creencia que en su época existía de que todas las especies vivas […] habían sido creadas directamente […] por el dedo de Dios […]. Entonces Darwin se dio cuenta de que sí había un proceso natural que podía explicarlo […]». **34-H:** En algunas universidades europeas se estudió científicamente la evolución, antes de que Darwin hablara de ello. ...cien años antes de la teoría de las especies […] la universidad, fundamentalmente la Sorbona, y Berlín, lo estudiaron como algo físico […]. **35-H:** En el s. XVIII ya había investigadores de la evolución de los seres vivos. ...cien años antes de la teoría de las especies se estaba estudiando la evolución científicamente por científicos. **36-M:** La variabilidad en las diferentes generaciones hizo que Darwin se diera cuenta del desarrollo natural en la evolución. Darwin se dio cuenta de que sí había un proceso natural que podía explicarlo, que era la variabilidad […]. **37-M:** Hay ciertas ventajas hereditarias que influyen en la supervivencia diferencial. Y esas pequeñas variaciones […] favorecían la supervivencia llamada *diferencial* de estos individuos […]. **38-H:** Darwin no estudió científicamente la evolución, sino ideológicamente. […] el darwinismo no es una teoría científica, sino una ideología. **39-N:** Buffon, Cuvier y Lamarck escribieron una teoría completa sobre la evolución. El hombre dice: «Lamarck, que fue el primer científico que escribió una teoría completa sobre la evolución». **40-M:** Un sacerdote descubrió un elemento químico fundamental. […] por ejemplo, el descubridor del oxígeno era un pastor presbiteriano. **41-M:** La biología ha contribuido a desarrollar las teorías de Darwin. […] el efecto de la biología en el desarrollo […] ha enriquecido la teoría de la evolución. **42-N:** El objetivo fundamental del darwinismo era justificar el colonialismo. El hombre dice: «[…] él explicaba cómo los colonos, una especie más fuerte, había acabado con los que vivían en las zonas colonizadas. […] la selección natural justificaba la situación de entonces […]». Es una consecuencia, no un objetivo principal. **43-H:** Es inconcebible el hecho de que algunas personas consideren actualmente las teorías de Darwin como científicas. Me pregunto cómo, con todos los avances científicos actuales, seguís dando crédito al darwinismo. **44-M:** Lamarck y Darwin no sabían nada de la herencia desde el punto de vista científico. Lamarck no sabía nada de genética, como tampoco lo sabía Darwin. **45-H:** Los individuos más idóneos y hábiles de una sociedad prevalecen sobre los demás. Y la teoría de supervivencia del más apto […], que decía que en las sociedades, los más aptos se quedaban con todo. **46-N:** Darwin se fijó fundamentalmente en la selección artificial de las especies, es decir, en las causas más que en los efectos. La selección natural va mucho más allá de la selección artificial en la cual se fijó Darwin, efectivamente, pero porque necesitaba algo sobre lo cual componer lo que más tarde se ha visto que no es una causa, sino un efecto.

Tarea 6: Selección múltiple en un texto auditivo. *Rastrear el pasado por medio de la genética*, p. 89

47-B: Los neandertales y el hombre moderno se mezclaron formando nuestro antepasado común. […] hemos aprendido que tenemos un antecesor común. No es **A** (*El hombre moderno proviene del neandertal que salió de África hace 300 000 años*) porque en el texto escuchamos: «[…] un antepasado común hace unos 300 000 años». Tampoco es **C** *Todos los humanos actuales tenemos un 2,5% de genoma neandertal* porque escuchamos: «...las personas que están fuera de África en la actualidad tienen alrededor de un 2,5% de proporción en su genoma del neandertal».

48-C: **Los neandertales se mezclaron con el hombre moderno.** […] los humanos modernos salieron de África, se encontraron con los neandertales y se cruzaron con ellos, tuvieron hijos, y esos hijos se incorporaron a la población de humanos modernos. **A** *Nuestro ADN original se transmitió en Oriente Medio* es incorrecta porque la entrevistada dice: «[…] cuando los humanos modernos salieron de África se encontraron a los neandertales, suponemos que en Oriente Medio por primera vez […]». **B** *Los cromosomas neandertales se han descubierto en trozos pequeños* también es incorrecta porque no se han descubierto pedacitos de cromosoma, sino de hueso.
49-C: **Moralmente no se puede clonar a una persona.** […] existe también un enorme problema ético […]. **A** *Se ha secuenciado el genoma humano a partir de tres pedacitos de hueso* no es correcta porque se dice en el texto: «Hemos secuenciado el genoma del neandertal principalmente a partir de tres pequeñas piezas de hueso». **B** *Los neandertales eran caníbales* es incorrecta, ya que escuchamos en el audio: «No sabemos si eran caníbales o si a esa persona se la comieron por un ritual».
50-C: **Los reducidos restos encontrados de algunos animales no permiten su clonación.** …el ADN del mamut que encontramos en el suelo helado del permafrost está degradado en pequeñas piezas, por tanto la secuenciación de todo el genoma nunca será posible. La frase **A** *Se están realizando experimentos de clonación de mamuts* está mal porque la entrevistada dice: «Se podría modificar una célula madre de elefante para crear un elefante de pelo largo y más adaptado al frío, pero no será un mamut real. Únicamente tendrá algunas características del mamut». La frase **B** *Se podrían clonar animales de pelo largo y adaptados al frío* también es falsa, ya que la experta dice: «[…] para crear un elefante de pelo largo y más adaptado al frío, pero no será un mamut real […]».
51-B: **La habilidad de los hombres, entre otras cosas, hizo que conquistaran el mundo.** […] los humanos modernos salieron de África […] y colonizaron cada pequeño fragmento […] En parte tuvo que ver con la habilidad de construir barcos […]. La frase **A** *El permafrost está degradado en pequeñas piezas de ADN* no es correcta porque en el texto se dice: «[…] el ADN […] en el suelo helado del permafrost está degradado en pequeñas piezas […]», luego no es el permafrost el que está degradado, sino el ADN. La frase **C** *Hace 50 000 años los neandertales viajaron de África a Europa* tampoco es válida porque lo que se dice en la entrevista es: «[…] los humanos modernos salieron de África permanentemente hace 50 000 años […]».
52-A: **El hombre ha moderado la aspereza de carácter gracias a un proceso cultural.** ¿Quién domesticó al ser humano? La idea es que es un proceso cultural, una especie de *autodomesticación* […]. La posibilidad **B** *Está a punto de descubrirse el genoma del comportamiento neandertal* no es verdadera porque en el texto se dice: «[…] estamos a punto de detectar los cambios genéticos responsables del comportamiento». Obviamente habla del comportamiento humano, no neandertal. También **C** *Los niños se autodomesticaron seleccionando la conducta menos violenta* es falsa, puesto que escuchamos lo siguiente: «[…] se habría seleccionado la conducta menos violenta dentro de un grupo para evitar problemas a la hora de criar a los niños […]».

Prueba 2 y 3

La Prueba 2 Tarea 1 dispone de un modelo de folleto informativo en la página 92 del libro del alumno.
En la Prueba 3 Tarea 2 dispone de preguntas sobre la ciencia y la tecnología en la educación para guiar y preparar su intervención en la página 100 del libro del alumno.

EXAMEN 5   CD II

Prueba 1. Uso de la lengua, comprensión de lectura y auditiva

Tarea 1: Completar los huecos. *Se rompe el saco (de José Luis Sampedro)*, p. 104
1-A: Sin duda alguna. En este contexto (detrás de *sin* y de un nombre) solo es posible *alguna*. Quedan excluidas las otras dos opciones, *ninguna* y *cualquiera*. **2-A**: …en los medios y en las tertulias (reunión de personas

que se juntan para hablar) se analizan… *Parrafadas* (conversaciones detenidas y confidenciales) y *peroratas* (discurso o razonamiento, generalmente pesado y sin sustancia) se refieren a las formas del discurso, no al lugar donde se habla o a las personas que hablan. **3-C:** …ni siquiera veinte mil millones para aplacar (suavizar, mitigar) el hambre. *Colmar* expresa una idea opuesta: dar en abundancia, y *amainar* significa 'aflojar, perder su fuerza' y se refiere al viento o algún deseo o pasión. **4-B:** …mientras que para enmendar (arreglar, subsanar los daños) los disparates… *Desdecir* (desmentir, negar la autenticidad de algo; con pronombre, retractarse de lo dicho) no tiene sentido en este contexto y el uso de *restañar* se restringe a curar las heridas o aliviar un dolor. **5-C:** …los disparates y estafas (engaños con fin de lucro) de la gente rica… *Mojigaterías* (humildad fingida y falsa) no tiene significado lógico en el contexto. *Infundios* (mentira, noticia falsa y tendenciosa) es incompatible con la *y* que le precede. **6-B:** …el sistema es codicioso por naturaleza (esencia y propiedad característica de cada ser). No es una locución, pero es una combinación léxica estable, propiedad que no comparten *natura* y *natural*. **7-A:** …toda la estructura de ese cuerpo social está desquiciada (trastornada, fuera de quicio). No encajan en este contexto ni *descabellada* (fuera de orden o razón. Se construye con *ser*) ni *desdeñada* (tratada con desdén, menospreciada). **8-C:** …sino que está agotado (gastado, consumido)… *Agonizado* (extinguido, terminado) y *denodado* (intrépido, esforzado, atrevido) no se construyen con *está*. **9-C:** … su codicia radical le impulsó (incitó, estimuló) a descubrir océanos… *Meció* (movió acompasadamente) y *concitó* (instigó a una persona contra otra) no tienen significado lógico en este fragmento. **10-B:** …colonizar continentes, alentar (animar, infundir aliento) un humanismo… *Conminar* (amenazar, apremiar, intimidar) y *atosigar* (causar agobio, dar prisa, inquietar…) tienen un matiz negativo incompatible con el contexto. **11-B:** …el sistema de vida occidental se hizo con (obtener, apoderarse de algo) el dominio del mundo… Esta acepción del verbo *hacer* (*hacerse con*) no la comparten las otras dos opciones: *se fue* y *se vino*. **12-B:** …esa misma codicia ha socavado la prosperidad… (excavar por debajo de algo, dejándolo en falso. Debilitar algo o a alguien, especialmente en el aspecto moral). El significado es negativo: la crisis debilita (o dificulta) la prosperidad. Este significado es incompatible y contradictorio con los términos *apuntalar* (sostener, afirmar, que es justo lo contrario) y con *ahondar* (hacer más honda, profundizar) que es justo lo opuesto a *debilitar* y además incompatible sintácticamente con *prosperidad* porque necesitaría construirse con la preposición *en*: ahondar en la prosperidad.

Tarea 2: Insertar los fragmentos que faltan en un texto. *Economía y literatura,* p. 106
13-C: «…a los que habría que agregar otros españoles ilustres: **en poesía, Jovellanos, un inspirado prerromántico…**». Los dos puntos del párrafo extraído y la enumeración que les sigue son las claves de este ítem.
14-D: «En España, en torno a 1900, hubo escritores atentos al fenómeno de la industrialización […]». «**Algunos tenían conocimientos de economía que iban más allá de lo habitual, incluso en personas cultivadas**». La relación sintáctica y discursiva entre *escritores* y *algunos* es evidente. **15-G:** «Mención particular merece, en sendos artículos de Santos Redondo y de Alfonso Sánchez Hormigo, Leopoldo Alas, *Clarín* […]». **Sánchez Hormigo, en otro ensayo,** sitúa al economista y escritor Valentín Andrés…». Se puede ver que *Sánchez Hormigo* está presente en los dos fragmentos y que *sendos artículos* y *en otro ensayo* están enlazados lógicamente. **16-A:** «Sorprende gratamente -como todo en su obra- la sagacidad económica de Josep Pla». «Luis M. Linde analiza su perspectiva liberal…». El posesivo *su* del párrafo extraído hace referencia a Josep Pla, escritor mencionado en la línea anterior. **17-F:** «Hubo casos de obras literarias escritas con la finalidad de propagar ideas sociales, por ejemplo, Harriet Martineau…». «Así, José Jurado se ocupa de la noción de consumo suntuario en la Ilustración…». El término *así* del texto general se usa para continuar con los ejemplos (*José Jurado…*) de obras literarias escritas para propagar ideas sociales. **18-E:** En esta parte del artículo se habla de «casos de obras literarias escritas con la finalidad de propagar ideas sociales» (información que está en el párrafo 17-F). En el texto, primero se menciona a varios autores, entre ellos Cervantes, que criticaron alguna medida económica o social del momento y, en oposición a ellos, está Quevedo, que defiende una medida económica. Por eso se dice: «Cosa muy distinta fue el Quevedo del *Chitón de las Tarabillas*, donde se llega a elogiar la desastrosa devaluación de la moneda de vellón llevada a cabo por Felipe IV…».
No se elige el fragmento B.

Tarea 3: Relacionar seis textos y ocho enunciados. *Resúmenes de ponencias sobre economía y desarrollo*, p. 108

19-E: …el mantenimiento de una determinada unidad monetaria (el euro) alienta y refuerza (actúa como factor de estímulo) la unión del grupo (favorece la integración europea). **20-F:** …la necesidad que tienen determinadas empresas (las pymes) de incrementar sus gastos en investigación y mejora si quieren ser competitivas fuera de sus fronteras. (…está condicionada a la mejora e innovación…). **21-C:** Se dice en esta ponencia que un determinado caudal de bienes públicos (el 25% del PIB de Noruega) tiene una doble consideración (…de un fondo de pensiones, sino… un fondo constituido… Está también inscrito en la categoría de fondos soberanos…). **22-B:** …conminar (es urgente) de forma expresa y clara (*explícitamente*) a los poderes públicos y a los principales responsables económicos (…las instituciones políticas… el núcleo duro de las organizaciones empresariales y de las entidades bancarias) a que actúen tomando en consideración la dignidad de los seres humanos (incorporar… el respeto a los derechos humanos). **23-D:** …será muy difícil eliminar un grave problema mundial (erradicar la pobreza a la mitad), de no acometerse con urgencia acciones enérgicas (si no se toman medidas drásticas). **24-A:** la expansión de los mercados (la globalización) ha provocado una acusada (cada vez más pronunciada) falta de igualdad entre algunos países (ha beneficiado a aquellos países que tienen una mano de obra barata y ha perjudicado a aquellos países…). **25-A:** …hay decisiones económicas que ocasionan (hay medidas que hacen…), entre otras cosas, que las asignaciones sociales periódicas que reciben algunos ciudadanos no se incrementen (una congelación de pensiones). **26-D:** Esta ponencia hace mención a una reunión de alto nivel (la Cumbre del Milenio) con un insigne participante (El profesor Yunus […] premio Nobel de la Paz, 2006).

Tarea 4: Extraer las cinco frases que resumen un texto auditivo. *La economía mundial*, p. 111

27-A: El crecimiento económico de un país depende, entre otros factores, de la exportación. Hay cuatro maneras de crecer, lo que los economistas llamamos la *demanda agregada*: consumo, inversión, gasto público y exportación. **28-D:** Los extranjeros viajaban antes a España porque era un país barato y con buenas condiciones. ¿Por qué venían antes los turistas? Buena relación precio calidad. **29-F:** En la sede europea de la Comisión consideran a los españoles nuevos ricos. […] en Bruselas, a los españoles les llaman así porque es un país que fue pobre por motivos históricos que todos conocemos y de repente ha sido el nuevo rico […]. **30-G:** En Alemania están sumamente preocupados con el tema de la inflación. […] los alemanes han quedado paranoicos por ese tema y han dicho: lo único importante de la política monetaria europea es la inflación […]. **31-K:** Los medios necesarios para organizar una empresa es uno de los cinco elementos de la deslocalización industrial. Y por último, la logística.

- **Las frases siguientes no resumen el texto:**

B: El 70% del consumo español, según una empresa de *marketing* muy conocida, es de inversión. […] el 70% del crecimiento ha sido de consumo; por ejemplo hay una empresa de *marketing* muy conocida que dice que los dos países más consumistas del mundo en los últimos diez años han sido Estados Unidos y España. **C:** España es un país poco competitivo turísticamente debido a la baja inflación. España tiene una inflación más alta que la europea y eso es un problema serio porque le resta competitividad tanto en el turismo como en la exportación. **E:** El cambio climático ha hecho que la gente elija Túnez, Egipto o Marruecos como destino turístico. Pero ya ir a Túnez, a Egipto o a Marruecos es mucho más barato ahora. **H:** En la Alemania hitleriana hubo un tipo de interés del 2000%, lo que originó un aumento de la inflación. Saben que en Alemania, antes de Hitler, hubo una inflación que llegó al 2000% anual. **I:** En la Europa del Este el impuesto de sociedades es similar al de España, y por eso muchas empresas se instalan en esos países. […] los países del Este cuyo impuesto de sociedades es mucho más bajo producen temor […]. **J:** El precio de la cerveza hace que la inflación varíe. […] los alemanes pedían dos cervezas porque si esperaban diez minutos, la segunda era más cara. **L:** Los sindicatos más problemáticos evitan que las multinacionales españolas se instalen en otros países. […] las multinacionales no quieren ir a países con sindicatos complicados y en Europa los países con sindicatos más conflictivos son Italia, Francia y Alemania.

🎧 **Tarea 5: Seleccionar las ideas expresadas por un hombre, una mujer o ninguno en un texto auditivo.** *Las rebajas,* p. 112

32-H: En la actualidad se adquiere ropa con la misma frecuencia con la que se hace la compra. Ahora, prácticamente compramos como cuando vamos al supermercado […] **33-H:** El deseo de ir a la moda es uno de los factores determinantes a la hora de cambiar el vestuario. […] el deseo de los ciudadanos de ir cambiando, de ir a la moda, con lo importante que es la imagen. **34-H:** Ahora existe una normativa que defiende los derechos de los compradores. Hace más de 25 años que tenemos, afortunadamente, una regulación comercial […]. **35-M:** Hay distintas variables que influyen en los hábitos del consumidor como, por ejemplo, la situación económica. […] cómo nos enfrentamos a estas rebajas, la situación económica y otras variables más. **36-N:** Hace 40 años se hacía una competencia leal en derechos y obligaciones. El hombre dice: «[…] hace 40 años no había una legislación que amparara a comerciantes y consumidores en que había que hacer una competencia leal en derechos y obligaciones […]». **37-N:** El comprador de rebajas es siempre desconfiado. El hombre dice: «Hoy en día tenemos un consumidor con un alto grado de desconfianza […]». **38-M:** El concepto de compra ha variado con el paso de los años. […] estamos en un entorno en el que el concepto de compra también ha cambiado. **39-H:** Está prohibido fabricar productos exclusivamente para la época de rebajas. […] y fabriquen especialmente para las rebajas. Eso es un fraude […]. **40-N:** Los *outlet* perjudican el buen nombre de algunas marcas importantes. La mujer dice: «[…] tenemos centros comerciales que son 100% *outlet* de marcas de muchísimo renombre…». **41-M:** Las grandes marcas evitan poner el nombre *rebajas* a sus productos. […] jamás pondrían el nombre *rebaja* porque probablemente eso les perjudicaría en su imagen. **42-H:** Vivimos en un mundo de rebajas constantes en productos de diferentes tipos, no solo textiles. Antes, las rebajas se centraban en lo que era moda y ahora lo hacen prácticamente todos los sectores […]. **43-M:** Todos hemos tenido alguna vez impulsos irresistibles ante las rebajas. Yo creo que una gran parte del comportamiento en rebajas es muy compulsivo porque pienso que todos en algún momento hemos dicho: «No lo pensaba comprar, pero como estaba rebajado, estaba tan barato, no he podido resistir la tentación». **44-M:** En el mercado actual se está generalizando la cultura de rebajar los productos. En el fondo, estamos un poco en esta cultura de la rebaja generalizada en el mercado del consumo. **45-N:** El impulso de la campaña de rebajas ha hecho que se diversifiquen los productos. El hombre dice: «[…] todo el mundo está intentando en el sector comercial aprovechar el *input* de la campaña de rebajas para no perder clientela». **46-N:** Si al comprador le dan gato por liebre en rebajas, es porque los comerciantes son muy inteligentes. La mujer dice: «[…] el consumidor ciertamente es muy inteligente y sabe cuándo le dan gato por liebre o cuando lo están engañando».

🎧 **Tarea 6: Selección múltiple en un texto auditivo.** *El perfil del nuevo emigrante español,* p. 113

47-A: Los emigrantes españoles ahora tienen mejor formación que antes. España ha pasado de ser un país receptor de emigrantes a enviar trabajadores, eso sí, cada vez más cualificados. **B:** *Los otros países europeos ofrecen mejores oportunidades de trabajo especializado.* Esta frase no es correcta porque en el texto original se dice: «[…] a otros países que ofrecen más oportunidades laborales». Otros países ofrecen trabajo, pero independientemente de que sea trabajo especializado o no. **C:** *Este año ha habido un 36% más de emigrantes cualificados.* En el audio se dice: «El número de españoles que ha decidido buscar trabajo fuera de nuestras fronteras se ha incrementado este año más de un 36% debido a la crisis». No dicen nada de que ese 36% esté formado por trabajadores cualificados.
48-B: Muchas personas que vinieron a España hace años ahora regresan a sus países de origen. […] hay gente que sale del país, antiguos inmigrantes que llevan mucho tiempo residiendo en España […]. La frase **A** no es correcta *El perfil más común del emigrante español es el de joven cualificado que va a Alemania*, ya que en la entrevista original dicen: «[…] no hay un perfil único […]». **C** *La falta de expectativa laboral en Europa hace que muchos jóvenes emigren* tampoco es correcta, ya que escuchamos que la falta de expectativa laboral es en España, no en Europa.
49-B: Individuos formados y de talento tienen que emigrar porque en España no encuentran trabajo. […] nos surge la pregunta de si estamos desperdiciando el potencial que hemos conseguido en los últimos años. ¿Estaríamos hablando [...] de fuga de cerebros? Bueno, esto es evidente… **A:** *Según el Instituto Nacional de Empleo, más de 50 000 personas han emigrado por falta de expectativas.* En el texto se dice: «Según el Instituto

Nacional de Estadística, de enero a septiembre hicieron las maletas más de 50 500 personas». La frase **C** *La situación del personal sanitario se va a deteriorar*, es falsa porque el original dice: «[…] personal sanitario, se han ido a buscar empleo a Gran Bretaña, Portugal y Francia porque las condiciones de trabajo allí eran mejores que en España […] Lo que pasa es que ahora se puede recrudecer». Se habla del hecho de que emigren, no de la situación de estos trabajadores.

50-C: Seguirá habiendo emigración e inmigración. […] ahora va a haber gente de otra procedencia en nuestro suelo y también va a seguir habiendo españoles fuera del país. **A:** *Al ser historiador puede predecir el pasado y el futuro.* No es cierta: «Como soy historiador y me dedico a predecir el pasado, no me aventuro con el futuro […]». **B:** *En 2020 la emigración será un fenómeno estructural.* Tampoco es verdadera: «[…] 2020 […] las migraciones es un fenómeno estructural […] no va a ser una cuestión coyuntural […]».

51-B: Cada vez hay más emigración española a un país de América. A Estados Unidos, no tengo las cifras, pero también está siendo un país de destino. La frase **A** *Un 12,6% de españoles fue al Reino Unido entre 2010 y 2011* es falsa: «[…] el número de españoles que llegaron entre abril de 2010 y finales de marzo de 2011 se incrementó en un 12,6%». **C** *Inglaterra tiene muchos emigrantes en España* también es incorrecto: «[…] Según un dato reciente en Reino Unido, el número de españoles que llegaron […] se incrementó…».

52-A: No se suelen romper cuando la emigración es temporal *(las familias)*. […] cuando las migraciones han sido cortas o estacionales al finalizar la temporada, no ha habido escisión permanente de la familia. **B:** *Se han transformado a causa de los planes migratorios.* Esta frase es falsa, porque en el texto se dice: «Cuando los planes migratorios se han transformado […] al final ha habido reagrupamiento familiar […]». **C:** *Formadas previamente suelen escindirse tras la emigración a largo plazo.* También es incorrecta esta frase, ya que en el audio se dice: «las estancias se prolongan y, en el caso de que exista una familia previamente, hay reagrupamiento familiar».

Prueba 2 y 3

La Prueba 2 Tarea 1 dispone de un modelo de reclamación en la página 116 del libro del alumno.
En la Prueba 3 Tarea 2 dispone de preguntas sobre el mundo del trabajo para guiar y preparar su intervención en la página 124 del libro del alumno.